L.A.T. Van Dooren

Die Herausforderung

Welche Antwort haben Sie auf den Ruf nach Mazedonien?

Verlag der
Francke-Buchhandlung GmbH
Marburg an der Lahn

Dieses Buch ist eine Veröffentlichung der
TELOS-Verlagsgruppe.
TELOS-Taschenbücher und TELOS-Paperback-Ausgaben
sind »zielbewußt«, wegweisend und biblisch orientiert.
TELOS-Bücher wurden verantwortlich ausgewählt.

ISBN 3 7256 0028 7

Englischer Titel: The challenge of the Macedonian Call

Übersetzung: Dietmar Schmurlack
Umschlagentwurf: Daniel Dolmetsch
Herstellung: St.-Johannis-Druckerei C. Schweickhardt
7630 Lahr-Dinglingen
Printed in Germany · 14463/1976

Inhalt

Vorwort

Wenn Sie mich fragen, welches Buch von L.A.T. Van Dooren denn nun auch das beste und aktuellste sei, dann muß ich Ihnen offen gestehen: Ich weiß es nicht! – Jedes der bisher in deutschen Übertragungen erschienene Buch dieses bekannten Bibellehrers spricht in seiner besonderen Weise an, und eigentlich müßten Sie alle diese Bände kennen und in stillen Stunden betrachten und verarbeiten.

In diesem Buch »Die Herausforderung« gehen Sie nun mit dem Autoren und ganz besonders mit dem berühmtesten Evangelisten und Missionar aller Zeiten, dem Apostel Paulus, auf die Reise. Vorab erleben Sie mit, wie dieser junge Pharisäer, Saulus von Tarsus, von Jesus überrascht und in Dienst genommen wird. Dann hören Sie mit Paulus den Ruf nach Mazedonien, und schließlich bereisen Sie mit ihm Philippi, Thessalonich, Beröa, Athen, Korinth und andere Gegenden Mazedoniens und Griechenlands. Nach einem Abstecher nach Illyrien, dem Süden des heutigen Jugoslawiens, werden Sie in Nikopolis rasten und dann zu einer äußerst abenteuerlichen Seereise nach Italien aufbrechen.

Das Faszinierende an dieser gemeinsamen Reise mit Paulus: In all diesen verschiedenen Ländern und Ortschaften werden Sie Dinge entdecken, die Sie wahrscheinlich bis heute noch gar nicht beachtet haben. Es erschließen sich ungeahnte Herrlichkeiten, und ab und zu ergeben sich dann auch sehr ernste Fragen, die auch von Ihnen eine konkrete Antwort erfordern.

Aber eines vergessen Sie nicht: Bevor Sie mit Paulus am Ende der vielen Reisen in Rom nicht nur bereit sind, vor den Kaiser zu treten, sondern auch Ihr Leben in den Tod zu geben und vor dem König aller Könige zu erscheinen, müssen Sie an Ihrem jetzigen Standort starten und die Straße nach Damaskus erreichen. Am besten, Sie marschieren gleich los!

Möge der Herr jedem Leser dieses Buches einen tiefen und bleibenden Segen schenken.

Ernst Trachsel

Apostelgeschichte 9, 1–9

Saulus aber schnaubte noch mit Drohen und Morden wider die Jünger des Herrn und ging zum Hohenpriester und bat ihn um Briefe gen Damaskus an die Schulen, auf daß, so er etliche dieses Weges fände, Männer und Frauen, er sie gebunden führte gen Jerusalem.

Und da er auf dem Wege war und nahe an Damaskus kam, umleuchtete ihn plötzlich ein Licht vom Himmel; und er fiel auf die Erde und hörte eine Stimme, die sprach zu ihm: Saul, Saul, was verfolgst du mich? Er aber sprach: Herr, wer bist du? Der Herr sprach: Ich bin Jesus, den du verfolgst. Und er sprach mit Zittern und Zagen: Herr, was willst du, daß ich tun soll? Der Herr sprach zu ihm: Stehe auf und gehe in die Stadt; da wird man dir sagen, was du tun sollst.

Die Männer aber, die seine Gefährten waren, standen und waren erstarrt; denn sie hörten die Stimme, und sahen niemand. Saulus aber richtete sich auf von der Erde; und als er seine Augen auftat, sah er niemand. Sie nahmen ihn aber bei der Hand und führten ihn gen Damaskus; und er war drei Tage nicht sehend und aß nicht und trank nicht.

Ebenso:
Apostelgeschichte 22, 3–16 und 26, 9–18

Kapitel I

Die Straße nach Damaskus

Die Gefangennahme

»Herr, was willst du, daß ich tun soll?« Apostelgeschichte 9, 6

Ein Mann, der heftig gegen die Anhänger des Herrn Jesus Christus vorging und ein Blutbad unter ihnen anrichtete. Ein Mann, der von Haus zu Haus ging, um alle – ob Frauen oder Männer – ins Gefängnis zu werfen, wenn sie es wagen sollten, sich zu dem Namen Jesus Christus zu bekennen. Ein Mann, der aus tiefstem Herzen die Hinrichtung des Stephanus befürwortete und durch seine Stimme unterstützte. Ein Mann, der so von Zorn gegen die frühen Christen besessen war, daß er bereit war, sie sogar in fremden Städten zu verfolgen. Ein Mann, der vor nichts zurückschrecken würde, um den Namen Jesus niederzutrampeln. Ein Mann wie dieser kann kaum ein suchender Mensch genannt werden! Er scheint nicht ein Mann zu sein, der auf dem Weg zur Bekehrung ist – aber Gott findet Freude daran, das Unmögliche zu tun. Gott ist darin geübt, das Unwahrscheinliche geschehen zu lassen; und dieser Mann, der so ungestüm den Namen Jesus bekämpfte, ist gerade der, den Gott gefangennehmen, in Staub demütigen und zu echter Umkehr bringen will. Von da an wird sich eben dieser Mann bedingungslos demjenigen zur Verfügung stellen, den er zuvor verfolgt hatte. So ist die Gnade Gottes! So ist die Macht Gottes! Es war vor Grundlegung der Welt geplant. Es ereignete sich auf der Straße nach Damaskus.

Saulus von Tarsus war ein junger Pharisäer, ein echter Hebräer; er war stolz auf seine rassische Abstammung und stolz auf seinen Eifer für Gott. Er war kein Durchschnittsmensch. Von vielen Seiten her hatte er einzigartige Vorteile, wegen seiner familiären Herkunft, seiner Erziehung, seiner Ausbildung und seiner Erfahrung. Er hatte beachtliche natürliche Begabungen. Er verfügte über gewaltige Energie. Alles was er war und alles was er vorgab zu sein, faßte er zusammen in einem brennenden Eifer, Gott zu dienen und im

Lichte des Gesetzes als schuldlos erfunden zu werden. Es war diese glühende Leidenschaft, die ihn von Jerusalem in Judäa zur syrischen Hauptstadt Damaskus trieb. Heute ist die Reise auf dem Landweg eine Sache von wenigen Stunden, nachdem man die möglichen Verzögerungen und scheinbar endlosen Formalitäten an der Grenze zwischen Jordanien und Syrien über sich ergehen lassen hat. Aber trotzdem kann es immer noch eine ermüdende Fahrt sein bei der Hitze, die durch die geöffneten Fenster des Wagens wie aus einem offenen Ofen den Reisenden feurig entgegenschlägt. Auf sehr weiten Strecken ist die Landschaft verlassen, trocken, langweilig. Wenn der Wüstenwind bläst, kann es die damit verbundenen Unannehmlichkeiten und Reizungen wegen der kleinen Sandkörnchen geben, die überall durchzukommen und alles zu durchdringen scheinen.

Wie muß doch solch eine Reise im ersten Jahrhundert gewesen sein! Sie wäre lang und strapaziös gewesen, da man zu Fuß oder bestenfalls auf einem Pferd reiste. Es wäre keine Reise, die normalerweise jemand in halsbrecherischer Geschwindigkeit machen möchte. Der Wahn und Zorn dieses jungen Pharisäers trieben ihn aber so an, daß er sich kaum zurückhalten konnte, bis daß er die Stadt Damaskus erreicht hatte. Er mußte vorwärts drängen um jeden Preis! Er mußte durch die brennende Hitze der Mittagssonne ziehen, wenn andere Reisende ruhen würden. Ein Feuer der Entrüstung brannte in seiner Brust. Für ihn gab es nur noch die Verfolgung. In keiner Hinsicht konnte ihn irgend jemand oder irgend etwas aufhalten – und alles tat er unter dem Namen Gottes! Tatsächlich erwuchs dieser Eifer zu einem großen Teil aus dem Verlangen, Gott dienen zu wollen, wozu er seine ganze Kraft aufwendete.

Wie ist das möglich? Leider beweist die Geschichte, daß dies immer wieder vorgekommen ist. Viele der wildesten Verfolgungen, die über wahre Gläubige hereingebrochen sind, wurden im Namen Gottes ausgeführt und unglücklicherweise durch jene, die sich selbst die Bezeichnung »Christen« gegeben haben. Wir wollen uns damit im Moment nicht auseinandersetzen, aber wir müssen uns durch dieses Beispiel in anderer Hinsicht warnen lassen. Es gibt viele, die ebenso Gott zu dienen versuchen; nicht indem sie andere verfolgen, aber auf viele andere Weisen, zum Beispiel durch gute Werke und wohltätige Einsätze. Aber man kann Gott nicht dienen, wenn man ihn nicht kennt. Dadurch soll nicht die Aufrichtigkeit solcher Leute in Frage gestellt werden. Es gab kaum einen aufrichtigeren Menschen als Saulus von Tarsus. Es ist möglich, aufrichtig zu sein und dabei aufrichtig im Irrtum zu sein! Das Allerwichtigste ist, daß man den Herrn kennt; damit man ihn aber kennenlernt, muß man ihn in sein Herz aufnehmen. Dann und nur dann bezieht der Heilige Geist Wohnung im Leben eines Menschen und will von da an durch ihn wirksam werden zum Ruhme Gottes.

Kehren wir zurück zu Saulus auf der Straße nach Damaskus. Gab es da noch irgendeinen weiteren Grund für seinen Wahn, der in seiner Brust wütete? War nicht auch jene immer stärker werdende Überführung am Werk, die zweifellos vom Geist des Herrn kam? War da nicht eine Überführung, die ihm keine Ruhe ließ, eine Überführung, die ihn anstachelte wie der gnadenlose Schmerz eines Stachelstocks? Mehr als einmal habe ich beobachten können, wie dieses Gerät gebraucht wird. Man benützt es, wenn ein Tier die ihm zugedachte Last nicht zieht oder sonst irgendwie nicht zur Zufriedenheit seines Herrn arbeitet. Mit dem scharf zugespitzten Ende des Stokkes wird schnell zugestoßen, wobei man auch das dicke Fell durchbohrt und so dem Rind einen heftigen Stich gibt. Wer dabei Erfahrung hat, zielt auf die empfindlichen Teile des Tiers. Es mag vielleicht ausschlagen und sich widersetzen; aber die wiederholten Stiche werden nicht unbemerkt bleiben, bis schließlich das Tier, zukkend und von Schmerzen getrieben, unter den Stößen des Stocks sich seiner Aufgabe mit erneutem Einsatz zuwendet. So war es auch mit Saulus. Die Stiche des Gewissens waren unablässig; und um ihnen nachzugeben oder um sie zu betäuben, mußte er vorangehen. Er konnte sich nicht verzögern, weil in ihm keine Ruhe möglich war. Deshalb reiste er auch am Mittag. Die Sonne war an ihrer höchsten Stelle. Die Hitze hatte ihren höchsten Punkt erreicht. Das Licht konnte nicht mehr stärker blenden. Aber er mußte weitergehen. Ohne Rücksicht auf persönliche Unannehmlichkeiten, ohne Rücksicht auf die Strapazen anderer, oder auf die möglichen Gefahren der glühenden Hitze zu achten, er konnte nicht anders. Er durfte sich jetzt von seiner unbarmherzigen Verfolgung nicht abwenden. In dieser Lage war Saulus, als ihm der Herr erschien und seine Hand über sein Leben legte.

Die glanzvolle Ausstrahlung des Herrn übertraf sogar die hell glühende Sonne Syriens, als sie in ihrem höchsten Punkt stand. Der Herr der Herren, der König der Könige gab sich Saulus mit den Worten zu erkennen: »Ich bin Jesus, den du verfolgst. Es ist schwer für dich, gegen den Stachelstock auszuschlagen.« Welches Mitleid! Welche unendliche Gnade! Welch liebende Barmherzigkeit! So geschah es, daß der Mann, der so hart und offensichtlich nicht zu beeinflussen schien, gefangen genommen, bekehrt und ein neuer Mensch in Christus und durch Christus wurde. In jenem Augenblick wurde Saulus selbst zu einem großartigen Beispiel für die gewaltig wirksame Kraft, worüber er später in seinem zweiten Brief an die Korinther schrieb:

»Darum, ist jemand in Christo, so ist er eine neue Kreatur; das Alte ist vergangen, siehe, ein Neues ist geworden!« (2. Kor. 5, 17).

Saulus war ein neuer Mensch geworden. Die Vergangenheit war für immer abgeschrieben. Er hatte ein neues Leben; er war ein neuer Mensch. Sein Ziel in der Ewigkeit war geändert worden – mit dem Ergebnis, daß sein Leben in dieser Welt von nun an auf einen neuen Zweck ausgerichtet war. Eine neue Kraft sollte herrschen. Bisher war er darum bemüht, Gott zu dienen, mit aller Kraft, die er als Mensch aufbringen konnte. Jetzt lebte Christus in seinem Herzen, und er war ein besonders auserwähltes Werkzeug, um den Namen Jesus auszubreiten, den Namen, den er einst so gehaßt hatte. Von nun an sah er es als seine Aufgabe, diesen Namen, mit all seiner rettenden Macht, den Menschen seiner Heimat und denen in anderen Völkern zu verkünden. Sogar vor Königen und Herrschern gab er Zeugnis von demjenigen, der ihn auf der Straße nach Damaskus gefangengenommen hatte, von demjenigen, der ihn für immer gerettet und verändert hatte. Von jenem Augenblick an gehörte er nicht mehr sich selbst. Er wurde mit einem Preis erkauft, und Gott sollte in seinem Körper und in seinem Geist verherrlicht werden. Im weiteren Verlauf zeigte ihm dann der Herr, welche großen Leiden er für ihn würde tragen müssen. So lag es auch in diesem Vorhaben, den gleichen Mann als Apostel Paulus nach Mazedonien zu senden. Vieles von diesem Leid sollte er in Europa erleben.

Es ist nicht unsere Absicht, die weiteren Verwicklungen bei Saul's Bekehrung genauer zu behandeln oder in sein Leben tretende Ereignisse gründlicher zu betrachten, sondern wir wollen an die Orte reisen, zu denen Paulus hinging und welche er uns im Neuen Testament vertraut gemacht hat. Zur gleichen Zeit wollen wir uns von neuem bestimmte Ereignisse vor Augen halten, die dort stattfinden und einen Bezug zu den Mühen dieses Dieners Gottes haben. Es soll genügen, noch einmal zu sagen, daß es Gott gefällt, das scheinbar Unmögliche zu tun. So oft ist es gerade derjenige, der scheinbar entschlossen und verbissen gegen die Forderungen Christi vorgeht und sich mit aller Gewalt dagegen sträubt, der sich schließlich dem Anspruch Christi unterwirft. Dann reinigt Gott, nimmt dieses Leben und macht es zu einem Werkzeug in seinen Händen und zum Zufluß von Segnungen für andere.

Gott hält immer noch Ausschau nach Werkzeugen, die er gebrauchen kann. Er hat einen Plan für jedes Leben. Aber zuerst muß man auf der Straße nach Damaskus sein, das bedeutet, man muß sich mit den Ansprüchen Christi persönlich konfrontiert sehen und diesen totalen Ansprüchen nachgeben. Das schließt mehr ein, als den Herrn Jesus Christus als Erlöser annehmen. Es bedeutet, daß man sein Recht als unumschränkter Herrscher anerkennt, nach dem er das ganze Leben nimmt, es so einsetzt, wie er will, und zwar an dem Ort, den er dafür bestimmt. Es gehört auch die Erkenntnis dazu, daß man in sich selbst und durch sich selbst nichts Gutes tun kann. Sich selbst muß man dort sehen, wo Gott einen sieht, gekreuzigt mit Jesus. Man vertraut nicht mehr auf sich selbst. Man betrachtet sich selbst als tot und versucht nicht, etwas für Gott zu tun. Die Toten können das nicht! Weiterhin erkennt man an, daß man in Christus auferstanden ist und von nun an nicht mehr sich selbst verwirklicht, sondern daß es Christus ist, der handelt. Paulus schreibt:

»Ich bin mit Christo gekreuzigt. Ich lebe aber: doch nun nicht ich, sondern Christus lebt in mir. Denn was ich jetzt lebe im Fleisch, das lebe ich in dem Glauben des Sohnes Gottes, der mich geliebt hat und sich selbst für mich dargegeben« (Gal. 2, 19b–20).

In dem Augenblick seiner Bekehrung übergab sich Saulus restlos dem Herrn. Von dieser Zeit an war er ein Mensch, der sich Christus zur Verfügung gestellt hatte und sagte: »Herr, was willst du, daß ich tun soll?« Später wurde er bekannt als Paulus der Apostel, das bedeutet: der Ausgesandte. Wegen seiner totalen und unbegrenzten Übergabe an Christus erging an ihn zu der Zeit, die Gott als recht erschien, der Ruf nach Mazedonien. Ebenso wegen seiner vollkommenen Hingabe an die Forderungen Jesu Christi, konnte Paulus auch der Herausforderung des Rufes nach Mazedonien entgegentreten und sie annehmen.

Ist Gottes Wille für Sie undurchsichtig, weil Sie sich bis jetzt noch nie ohne Einschränkung dem Herrn angeboten haben? Denken Sie über diese Worte nach:

»Ich ermahne euch nun, liebe Brüder, durch die Barmherzigkeit Gottes, daß ihr eure Leiber begebet zum Opfer, das da lebendig, heilig und Gott wohlgefällig sei, welches sei euer vernünftiger Gottesdienst. Und stellet euch nicht dieser Welt gleich, sondern verändert euch durch Erneuerung eures Sinnes, auf daß ihr prüfen möget, welches da sei der gute, wohlgefällige und vollkommene Gotteswille« (Röm. 12, 1–2).

Apostelgeschichte 16, 6–10

Da sie aber durch Phrygien und das Land Galatien zogen, ward ihnen gewehrt von dem Heiligen Geiste, zu reden das Wort in Asien. Als sie aber kamen an Mysien, versuchten sie, durch Bithynien zu reisen; und der Geist ließ es ihnen nicht zu. Sie zogen aber an Mysien vorüber und kamen hinab gen Troas. Und Paulus erschien ein Gesicht bei der Nacht; das war ein Mann aus Mazedonien, der stand und bat ihn und sprach: Komm herüber nach Mazedonien und hilf uns! Als er aber das Gesicht gesehen hatte, da trachteten wir alsobald, zu reisen nach Mazedonien, gewiß, daß uns der Herr dahin berufen hätte, ihnen das Evangelium zu predigen.

Kapitel II

Troas

Vision und Berufung

»Sie zogen aber an Mysien vorüber und kamen hinab gen Troas. Und Paulus erschien ein Gesicht bei der Nacht.«

Apostelgeschichte 16, 8. 9

Viele Jahre waren vergangen seit der ersten Begegnung, die Paulus mit dem Herrn Jesus auf der Straße nach Damaskus hatte, und der Zeit, zu der ihm die Vision in Troas geschenkt wurde. Während dieser Zeitspanne hatte er in Arabien drei Jahre der Abgeschiedenheit verlebt. Ohne Zweifel hatte auch damals der Herr in weiteren Visionen und auf andere Weise zu dem Mann gesprochen, den er dafür ausersehen hatte, ein besonders erwähltes Werkzeug zu werden, um das Evangelium über das Mittelmeer hinüber in die Zentren der zivilisierten Welt des ersten Jahrhunderts zu bringen. Darauf folgte die Rückkehr nach Damaskus, der Anschlag auf sein Leben, die eilige und demütigende Abreise aus der Stadt, als er über die Stadtmauer in einem Korb herabgelassen wurde. Er war nach Jerusalem zurückgekehrt, um dort zuerst mit großem Argwohn aufgenommen zu werden und um dann in seine Heimatstadt Tarsus in Zilizien zurückgeschickt zu werden. Aller Wahrscheinlichkeit nach hatte er in dieser Gegend einen evangelistischen Dienst ausgeübt. Unwahrscheinlich ist, daß ein Mann mit solch aktiver Unternehmungskraft wie Paulus hätte unbemerkt leben oder über längere Zeit hätte schweigen können. Durch all diese Erlebnisse wurde er vom Herrn belehrt, und ebenso wurde er für den zukünftigen Dienst vorbereitet. Während er in der Umgebung von Tarsus war, kamen die dringenden Aufrufe des Barnabas, die Paulus veranlaßten, nach Antiochia in Syrien zurückzukehren, um von Gott gebraucht zu werden, die Gläubigen dort zu stärken.

Nach etwa einem weiteren Jahr wurde er durch den direkten Ruf des Heiligen Geistes in die Begleitung des Barnabas gestellt und so auf die erste Missionsreise ausgesandt. Es war eine Reise, die reich an fruchtbarer Arbeit war, auf der er aber auch auf heftigen Widerstand stieß. – Manchmal mußte er fliehen, um sein Leben zu retten, und einmal wurde er sogar gesteinigt und außerhalb der Stadt Lystra liegengelassen, weil man ihn für tot hielt. Es war während dieser Zeit, daß er den Namen Saulus ablegte und als Paulus bekannt wurde. Nachdem sie nach Antiochia zurückgekehrt waren, berichteten er und Barnabas vor der Gemeinde der Gläubigen alles, was Gott mit ihnen und durch sie getan hatte und wie Gott den Heiden die Tür des Glaubens geöffnet hatte. Er besuchte Jerusalem noch einmal, und dann ging er auf die zweite Missionsreise. Mit jedem Schritt des Weges folgte Paulus als Mann Gottes der Führung seines Herrn, und so wurden auf überwältigende Weise andere zur Erkenntnis des Herrn Jesus gebracht und die Gläubigen gestärkt. Aber mit jedem Schritt des Weges wollte ihn Gott auch auf den zukünftigen Dienst vorbereiten. Dies ist beständig die Erfahrung dessen, der in Verbindung mit dem Herrn steht. Gott ist in der Lage, einen Menschen dort zu gebrauchen, wo er ist. Aber mit dem momentanen Einsatz verbindet sich auch weiteres geistliches Wachstum und eine andauernde Vorbereitung auf zukünftigen Dienst.

Auf den Anfangsstationen seiner zweiten Missionsreise war Paulus zu mehreren Stellen zurückgekehrt, wo bei seinen früheren Besuchen die schlimmsten Verfolgungen gewesen waren. Es war besonders in Lystra, wo er am übelsten behandelt worden war. Er konnte diese Erlebnisse niemals vergessen. Jahre später schrieb er an Timotheus:

»Du aber bist nachgefolgt meiner Lehre, meiner Weise, meiner Meinung, meinem Glauben, meiner Langmut, meiner Liebe, meiner Geduld, meinen Verfolgungen, meinen Leiden, welche mir widerfahren sind zu Antiochien, zu Ikonien, zu Lystra. Welche Verfolgungen ich da ertrug! Und aus allen hat mich der Herr erlöst« (2. Tim. 3, 10. 11).

Es waren diese Orte – und ganz besonders Lystra –, wohin er zurückkehrte! Viele hätten gezögert, dies zu tun. Andere hätten um diese Städte einen weiten Bogen gemacht – nicht aber Paulus. Mit der Furchtlosigkeit eines Mannes, der wußte, daß sein Lebensweg in der Hand seines Herrn war, kehrte er zurück. Er kehrte zurück, um dort sein Zeugnis weiterhin zu geben. Er kehrte zurück, um die kleine Gruppe von Gläubigen, die er als Zeugen für den Herrn inmitten wilder Angriffe hinter sich gelassen hatte, zu trösten, aufzurichten und zu stützen. Wegen seiner Treue gab Gott ihm reiche Belohnung. Eines der auserlesensten Geschenke, die Paulus in diesem Leben erhielt, war die Gemeinschaft und der Beistand eines jungen Mannes mit dem Namen Timotheus. Timotheus kam aus Lystra. Gottes vorzüglichstes Geschenk an menschlicher Gemeinschaft für seinen treuen Diener kam von dem Ort der Steinigung.

Wann immer wir dazu aufgerufen sind, ein »Lystra« in unserem Leben zu durchstehen, dürfen wir sicher sein, daß dann, wenn wir uns dem Herrn gegenüber inmitten der schlimmsten Erlebnisse als treu erweisen, gerade aus solchen Zeiten und Lagen, Gott reiche Belohnung schenken wird. An dem Ort der Steinigung wird er das edelste seiner Geschenke darbieten, so daß wir in den kommenden Tagen, wenn wir zurückblicken, Gott danken und sagen werden: »Ich möchte es um alles in der Welt nicht versäumt haben!«

In Lystra also schloß sich der junge Mann Timotheus dem Paulus und Silas auf der zweiten Missionsreise an. Während sie durch bestimmte Teile Kleinasiens und insbesondere durch die heutige Türkei reisten, war sich Paulus eines Drangs bewußt, der vom Heiligen Geist kam. Sie durchquerten Gegenden schrecklicher Not, wo das Evangelium noch nicht verkündet worden war. Trotzdem lenkte der Geist Gottes ihre Wege und erlaubte ihnen nicht, in diesen Gegenden zu verkündigen. Es ist nicht enthüllt, wie der Geist Gottes seinen Willen in dieser Angelegenheit zu erkennen gegeben hat. Es mögen mehrere Gründe dazu beigetragen haben. Aber welche es auch immer waren, Paulus und seine Begleiter waren sich darüber im klaren, daß in solchen Fällen der Heilige Geist alles meistern würde. Sie waren nicht entmutigt, selbst wenn sie den Zweck dieser scheinbaren Begrenzung für den Augenblick nicht kannten.

Es gibt Situationen, in denen wir den unmittelbaren Grund, weshalb Gott uns auf solchen Wegen leitet, nicht verstehen können. Aber dessen dürfen wir gewiß sein: Gott hat seinen Plan. Er wird es meistern und so sein Versprechen erfüllen, den Weg derjenigen zu lenken, die ihren Weg ihm anbefohlen haben. Vertrauen Sie auf den Herrn! Freuen Sie sich an ihm! Verlassen Sie sich nicht auf Ihren Verstand; und Gott wird Ihren Weg lenken. Er hat versprochen, es zu tun – und er wird sich daran halten. Die beharrliche Ruhe des Glaubens, verbunden mit der gespannten Erwartung, daß Gott eine seiner Überraschungen schon hinter der nächsten Ecke bereithält, vertreibt jeden zermürbenden Gedanken bereits im Ansatz. Wenn Sie jemand sind, der den Herrn liebt und nach seinem Plan berufen ist, dann dürfen Sie Gott mit einem dankbaren Herzen preisen, in der Gewißheit, daß alles, was mit Ihnen geschieht, letztlich zum Guten dient, weil der Herr alles in der Hand hält.

»Sie zogen aber an Mysien vorüber und kamen hinab gen Troas« – und dann wurden die Ereignisse der vorausgegangenen Wochen plötzlich im Licht der Vision, die Paulus gegeben wurde, klar.

»Und Paulus erschien ein Gesicht bei der Nacht; das war ein Mann aus Mazedonien, der stand und bat ihn und sprach: Komm herüber nach Mazedonien und hilf uns.«

Gott hat seine eigenen Mittel, wie er seinen gehorsamen Kindern seinen Willen mitteilt. Er wird es durch seinen Heiligen Geist im Innern tun. Er wird durch sein Wort sprechen. Er wird die Umstände herbeiführen. Es kann sein, daß das leitende Wort durch den Rat eines gereiften christlichen Freundes kommt. Aber dies dürfen Sie wissen: das Wort wird kommen, der Weg wird klar werden, die Tür wird geöffnet werden. Dann kann sich der Glaube entfalten, und Sie müssen in christlichem Vertrauen voranschreiten.

»Als er aber das Gesicht gesehen hatte, da trachteten wir alsobald, zu reisen nach Mazedonien, gewiß, daß uns der Herr dahin berufen hätte, ihnen das Evangelium zu predigen« (Apg. 16, 10).

Eine Vision muß umgesetzt werden in Berufung!

Wie geschah es, daß Gott in der Lage war, mit Paulus auf diese Weise zu sprechen? Der Grund liegt darin, daß Paulus ein Mann war, der im Glauben stand, der bereitwillig und unerschütterlich voranging, auch wenn er keine Vision hatte. Es war auch deswegen, weil Paulus, als ein handlungsfreudiger Mann, sich sofort daran machte, den Willen des Herrn zu erfüllen, nachdem dieser mit ihm gesprochen hatte. Augenblicklich rief er bei seiner Bekehrung auf der Straße nach Damaskus: »Herr, was willst du, daß ich tun soll?«

Das war seine entschiedene Haltung. Das war seine totale Hingabe an die Forderungen Christi. Für Paulus gab es nach der Vision nur einen offenen Weg; und der bedeutete, sofort aufzubrechen, um nach Mazedonien zu gehen. Die Echtheit seines Glaubens wurde nun durch sein Handeln sichtbar. Sein Handeln offenbarte seinen Glauben und seine Gewißheit über Gottes Führung. Die Vision war in Berufung umgesetzt.

Es ist gerade hier, wo so viele versagen. Manch einer hat das Verlangen, Gottes Willen zu erkennen. Manch einer hat das Verlangen, gewissermaßen Gottes Wille zu tun. Für manch einen gibt es Momente, in denen Gott auf besondere Weise zu ihm spricht. In einem solchen Moment ist sofortiger Gehorsam unbedingt erforderlich, d. h. eine Bereitschaft, sich unverzüglich daranzumachen, das zu tun, was der Herr befohlen hat. Auf Zeiten der geistlichen Erneuerung und Bereicherung folgen stets Ereignisse, welche die Verwirklichung von all dem fordern, was in Zeiten geistlicher Belebung gelernt worden ist. Zu einem beträchtlich späteren Zeitpunkt, als er auf seine Bekehrung zurückverwies, bezeugte Paulus:

»Daher, König Agrippa, war ich der himmlischen Erscheinung nicht ungläubig« (Apg. 26, 19).

Deswegen konnte der Herr fortfahren, mit Paulus zu sprechen, so wie er es tat. Von jeder Führung, die Gott ihm gab, konnte der Apostel sagen: »Ich war nicht ungehorsam.« Darin liegt auch das große Geheimnis des christlichen Lebens. Sofortiger Gehorsam! Absoluter Gehorsam. Unbedingter Gehorsam. Gehorchen ist besser als Opfer geben! Gehorchen bedeutet, die Kraft Gottes von neuem zu erfahren; sie ist es, die Sie voranführt und Sie einsetzt, wie Gott es entscheidet. Zur gleichen Zeit bereitet Sie der Geist auf den nächsten Schritt nach dem Plan Gottes vor.

Es ist oft leichter, in Troas, dem Ort der Vision zu bleiben.

Dann aber wird die Vision verblassen. Troas muß zurückgelassen werden. Es ist unbedingt nötig, daß die Vision zur Berufung wird. Der Ruf nach Mazedonien brachte auch eine Herausforderung mit sich. Auf diese ging Paulus sofort ein.

Dürfen wir es wagen, weniger bereit zu sein?

Apostelgeschichte 16, 9–15

Und Paulus erschien ein Gesicht bei der Nacht; das war ein Mann aus Mazedonien, der stand und bat ihn und sprach: Komm herüber nach Mazedonien und hilf uns! Als er aber das Gesicht gesehen hatte, da trachteten wir alsobald, zu reisen nach Mazedonien, gewiß, daß uns der Herr dahin berufen hätte, ihnen das Evangelium zu predigen.

Da fuhren wir aus von Troas; und geradewegs kamen wir gen Samothrazien, des andern Tages gen Neapolis und von dannen gen Philippi, welches ist die Hauptstadt des Landes Mazedonien und eine Freistadt. Wir hatten aber in dieser Stadt unser Wesen etliche Tage. Am Tage des Sabbats gingen wir hinaus vor die Stadt an das Wasser, da man pflegte zu beten, und setzten uns und redeten zu den Frauen, die da zusammenkamen. Und eine gottesfürchtige Frau mit Namen Lydia, eine Purpurkrämerin aus der Stadt der Thyatirer, hörte zu; dieser tat der Herr das Herz auf, daß sie darauf acht hatte, was von Paulus geredet ward. Als sie aber und ihr Haus getauft ward, ermahnte sie uns und sprach: So ihr mich achtet, daß ich gläubig bin an den Herrn, so kommt in mein Haus und bleibt allda. Und sie nötigte uns.

Kapitel III

Philippi

Der Tag der kleinen Dinge

»Wir fuhren gen Neapolis und von dannen gen Philippi.«
Apostelgeschichte 16, 11–12

Eine der schönsten Städte an der Küste Griechenlands ist Kovalla im Nordosten. Sie ist an der Stelle des ehemaligen Neapolis erbaut, und es war hier, daß Paulus zum erstenmal seinen Fuß auf europäischen Boden setzte. Er war im Gehorsam gegenüber der göttlichen Vision gekommen, in der er einen Mazedonier gesehen hatte, der ihn mit diesen Worten bat: »Komm herüber nach Mazedonien und hilf uns!« Es muß ein großer Augenblick für den Apostel und seine Begleiter gewesen sein, als sie die Küste in Mazedonien betraten.

Wenn Gott seinen Willen auf eine besondere Weise klarmacht, dann muß es das Kind Gottes unvermeidlich irgendwie durchdringen, um zu wissen, daß dies der Weg ist, der nach Gottes Willen begangen werden soll. Wenn es weiterhin ein Weg ist, der neu und voller bisher ungekannter Möglichkeiten ist, dann liegt zusätzlich über ihm die Stimmung des Abenteuers, verbunden mit einer entschlossenen Haltung des grenzenlosen Vertrauens auf Gott. Gott hat gesprochen. Seinem Ruf ist gefolgt worden. Gott kann uns nicht im Stich lassen. Somit ist man ganz in seiner Hand – die Möglichkeiten sind unbegrenzt! Ich bin sicher, daß Paulus mit dieser entschlossenen Haltung und dem Gefühl, ein Wagnis einzugehen, auf den europäischen Erdteil gekommen sein muß. Spätere Ereignisse beweisen, daß dies der Anfang eines weitreichenden Unternehmens war, in dessen Verlauf die Verbreitung des Evangeliums auf einem Erdteil durchgeführt wurde. Als Ergebnis sind unermeßliche Segnungen, insbesondere über die westliche Welt und durch Missionstätigkeit über den ganzen Erdball gekommen. Ein Geschichtswissenschaftler hat festgestellt, daß der Auftritt des Paulus in Europa einer der großen Wendepunkte in der Weltgeschichte war. Damit hat er recht. Der Anklang, den die erstmalige Verkündigung des Evangeliums durch den Apostel in Europa fand, übertraf die Erwartungen. Gott war im Begriff, einen Brückenkopf zu errichten, der zur Evangelisation eines ganzen Erdteils führte und die Ausbreitung der Zivilisation nach Westen bewirkte. Der Lauf der Geschichte wurde so geändert und auf Jahrhunderte festgelegt. Dies war ein gewaltiger Augenblick und ein großartiges Ereignis.

Ungefähr 45 Kilometer landeinwärts vom Hafen Neapolis lag die Stadt Philippi, die in der Apostelgeschichte 16 als wichtigste und bedeutendste Stadt in jener Gegend Mazedoniens und der Kolonie beschrieben wird. Sie war ein strategisches Zentrum. Aus diesem Grund war sie von Veteranen aus den zuverlässigsten Legionen Roms kolonisiert worden. Wegen ihrer strategischen Bedeutung war es diese Stadt, zu der Paulus sofort reiste. Auf seinen anderen Missionsreisen war er bisher mit den ortsansässigen Juden in Verbindung getreten, wobei er gewöhnlich die Synagoge zum Ausgangspunkt seiner Einsätze machte. Aber Philippi war eine römische Kolonie, offensichtlich ohne Synagoge und ohne jüdische Bevölkerung. Deshalb war das erste Problem, mit dem er sich auseinandersetzen mußte, die Frage, wo er mit der Verkündigung des Evangeliums beginnen sollte.

Heutzutage ist Philippi eine Ruinenstätte. Das, was ausgegraben und für den Blick des Besuchers freigelegt wurde, stellt nur einen verhältnismäßig kleinen Rest dar. Inmitten der umgefallenen Steine aus früheren Tagen wird das Bild, das sich dem Besucher bietet, durch Ruinen geprägt, welche die Überreste einer Kirche sind, die sechs oder sieben Jahrhunderte später erbaut wurde. Diese Ruinen sind deshalb aus einer beträchtlich späteren Zeit als aus den Tagen des Paulus. Trotzdem gibt es andere Bruchstücke, die ins erste Jahrhundert zurückreichen, zum Beispiel die alten Pflastersteine, die Platten vom Marktplatz und – an dem sich anschließenden Berghang gerade über der Straße – die vermutliche Stelle des römischen Gefängnisses, wo Paulus und Silas gefangengehalten waren. Auf der Anhöhe – eine kurzes Stück entfernt – sind die Überreste einer alten Befestigung. Diese reicht jedoch nicht so weit zurück, daß sie noch von der Zeit der Apostel zeugen würde. Vieles mag sich geändert haben, aber die Umrisse der Hügel und der nahegelegenen Berge müssen im wesentlichen gewiß die gleichen geblieben sein.

Diese hatte Paulus gesehen, als er sich der Stadt näherte. Ein kurzes Stück außerhalb der Stadt war der reißende Fluß, der von den Anhöhen und Bergen im Norden herabströmt und der nördlichen Ägäis zufließt.

Es muß Paulus bei seinen Erkundungen zu Ohren gekommen sein, daß außerhalb der Stadt, unten am Fluß, eine Gruppe von Frauen zusammenkam, in der Absicht zu beten. So geschah es, daß zum Sabbat – damit ist der jüdische Sabbat gemeint, also der letzte Tag der Woche – Paulus und seine Begleiter aus der Stadt hinaus, hinab zum Flußufer gingen und sich dort der kleinen Gruppe von Frauen anschlossen. Sie versammelten sich offensichtlich regelmäßig und trafen sich aller Wahrscheinlichkeit nach unter der Führung einer gewissen Frau namens Lydia. Hier war es, daß Paulus über den Herrn sprach, ihnen das Wort Gottes auftat und Zeugnis gab von dem Herrn Jesus Christus. Welch ein Anfang! Welch ein kleiner Anfang für ein solch großes Vorhaben!

»Denn wer ist, der diese geringen Tage verachte?« (Sach. 4, 10).

Gott hatte vor, über einen ganzen Erdteil die Nachricht von der Erlösung zu senden. Die Nachwirkungen sollten den Lauf der Weltgeschichte beeinflussen. Und den Anfang bildet die Verkündigung vor einer kleinen Gruppe von Frauen, die am Flußufer zusammengekommen sind. Dort ist Gottes Brückenkopf! Wer verachtet den Tag der Kleinigkeiten, den der kleinen Anfänge? Gott vollbringt mit viel Freude große Dinge. Aber so oft erwählt er die scheinbar kleine, unbedeutende Gelegenheit, nimmt sie und gestaltet sie so, daß dadurch sein mächtiger und wunderbarer Plan erfüllt wird. Das haben die Diener des Herrn so oft übersehen. Man neigt heute dazu, immer solche Bemühungen und Aktionen durchzuführen, die wir in unserem Auge gern als bedeutungsvoll betrachten. Wie klein sie doch sind! Wie klein, verglichen mit den kleinen Dingen Gottes, die er auf mächtige Weise wirken läßt! Verachte nicht den Tag der kleinen Anfänge! Es ist gerade ein solcher Tag, den der Herr mit Freuden benützt, um die Weisheit der Weisen und vieles andere zu vereiteln, was auf reine menschliche, fleischliche Bemühungen aufgebaut ist. Vor ihm kann nur bestehen, was in vollkommener und absoluter Abhängigkeit von der Macht Gottes ausgeführt wird.

Der Prophet Sacharja mußte das Volk Gottes zu früherer Zeit daran erinnern, wie Gottes Vorhaben ausgeführt wurde: »Es soll nicht durch Heer oder Kraft, sondern durch meinen Geist geschehen, spricht der Herr Zebaoth« (Sach. 4, 6 b).

Es ist die Kraft des göttlichen Geistes, die den Absichten Gottes zur Durchführung verhilft.

Jeder muß sich darüber klar werden. Man unterliegt oft der Gefahr, zu denken, daß die Versammlungen, auf denen Gottes frohe Botschaft verkündet wird, immer größer und größer sein müßten und daß es ein Rückschlag sei, wenn eine Versammlung von weniger Leuten besucht wird, als die vorherige. Man neigt dazu, zu denken, daß jetzt nur noch der Einsatz, der eine ganze große Stadt umfaßt, wirksam sein kann, nicht aber das, was sich auf eine örtliche Kirche stützt, und wirklich fruchtbare Verkündigung sein könnte. Man läuft Gefahr, zu meinen, daß sich nur große Veranstaltungen lohnen, wohingegen viele echte Arbeit für Gott in den kleinen Versammlungen ausgeführt wird. Es ist ein trauriger Tag, wenn jemand dahin gelangt, daß er es nicht mehr für nötig hält, zu einer kleinen Gruppe oder zu einem kleinen Häufchen von Jungen und Mädchen über das zu sprechen, was Jesus uns anzubieten hat. So müssen wir uns fragen: Haben wir den Auftrag verloren, zu einem einzelnen über die Forderungen Christi zu sprechen? Wer kann die Möglichkeiten ermitteln, die in einem jungen Menschen liegen, wenn er Christus als seinen persönlichen Erlöser angenommen hat und von da ab sich selbst als lebendiges Opfer übergibt?

Man muß auch eine andere Seite in Betracht ziehen. Die Gelegenheit, die vom menschlichen Standpunkt aus als groß erscheint, kommt nicht zu jedem, das liegt schon in der Natur einer großen Sache. Aber das scheinbar kleine Ereignis oder die scheinbar kleine Möglichkeit liegt in der Reichweite aller. Es ist gerade eine Gelegenheit wie diese, die sich in den Händen Gottes als einer seiner gewaltigen Augenblicke erweisen kann. Deshalb darf sich jedes wahre Kind Gottes, das dem Herrn zur Verfügung steht, darüber freuen, daß Gott es gebrauchen kann und auch gebrauchen wird. Das, was Gott seinen treuen Kindern geben wird, liegt weit über dem, was sie ermessen können.

Es ergab sich bei der Versammlung der kleinen Gruppe am Flußufer, daß ganz besonders eine Frau namens Lydia die Worte, welche Paulus zu ihnen sprach, hörte und beachtete.

Der Herr öffnete ihr Herz, und sie bewies, daß Gott in ihrem Innern gewirkt hatte, indem sie sich offen zu dem bekannte, was Paulus lehrte, und ihr Haus freigab, damit es das erste Verkündigungszentrum in Europa sein konnte. Ein kleiner Anfang, aber eine rasche Ausweitung, die zur vermehrten Segnung für viele führte. Das ist der Beginn der Gemeinde in Philippi. An diese Gemeinde wurde jener wunderbare Brief, den man kurz Philipperbrief nennt, gesandt. Wieviel ärmer würde das Neue Testament sein, wenn kein Brief nach Philippi gesandt worden wäre, wenn es dort nie eine Gemeinde gegeben hätte, oder wenn der Apostel die kleine Gruppe am Flußufer übersehen hätte und geradewegs nach Thessalonich gegangen wäre? Welch ein Verlust wäre uns zuteil geworden, gäbe es nicht Philipper 4, 4 oder 4, 13 oder 4, 19 – um nur ein paar Verse zu nennen – in unserem Neuen Testament. Verachten Sie nie den Tag kleiner Ereignisse oder kleiner Anfänge!

In der Bereitschaft, Gott zur Verfügung zu stehen, werden Gottes kleine Gelegenheiten große Segnungen und Frucht für alle Ewigkeit bringen. Großer Lohn wartet auf jene, die sich im Kleinen als treu erweisen.

Apostelgeschichte 16, 16–34

Es geschah aber, da wir zu dem Gebet gingen, daß eine Magd uns begegnete, die hatte einen Wahrsagergeist, und trug ihren Herren viel Gewinst zu mit Wahrsagen. Die folgte allenthalben Paulus und uns nach, schrie und sprach: Diese Menschen sind Knechte Gottes des Allerhöchsten, die euch den Weg der Seligkeit verkündigen. Solches tat sie manchen Tag. Paulus aber tat das wehe, und er wandte sich um und sprach zu dem Geiste: Ich gebiete dir in dem Namen Jesu Christi, daß du von ihr ausfahrest. Und er fuhr aus zu derselben Stunde. Da aber ihre Herren sahen, daß die Hoffnung ihres Gewinstes war ausgefahren, nahmen sie Paulus und Silas, zogen sie auf den Markt vor die Obersten und führten sie zu den Hauptleuten und sprachen: Diese Menschen machen unsre Stadt irre; sie sind Juden und verkündigen eine Weise, welche uns nicht ziemt anzunehmen noch zu tun, weil wir Römer sind. Und das Volk ward erregt wider sie; und die Hauptleute ließen ihnen die Kleider abreißen und hießen sie stäupen. Und da sie sie wohl gestäupt hatten, warfen sie sie ins Gefängnis und geboten dem Kerkermeister, daß er sie wohl verwahrte. Der, da er solches Gebot empfangen hatte, warf sie in das innerste Gefängnis und legte ihre Füße in den Stock. Um die Mitternacht aber beteten Paulus und Silas und lobten Gott. Und es hörten sie die Gefangenen. Schnell aber ward ein großes Erdbeben, also daß sich bewegten die Grundfesten des Gefängnisses. Und von Stund an wurden alle Türen aufgetan und aller Bande los. Als aber der Kerkermeister aus dem Schlafe fuhr und sah die Türen des Gefängnisses aufgetan, zog er das Schwert aus und wollte sich selbst erwürgen; denn er meinte, die Gefangenen wären entflohen. Paulus aber rief laut und sprach: Tu dir nichts Übles; denn wir sind alle hier! Er forderte aber ein Licht und sprang hinein und ward zitternd und fiel Paulus und Silas zu den Füßen und führte sie heraus und sprach: Liebe Herren, was soll ich tun, daß ich selig werde? Sie sprachen: Glaube an den Herrn Jesum Christum, so wirst du und dein Haus selig! Und sagten ihm das Wort des Herrn und allen, die in seinem Hause waren. Und er nahm sie zu sich in derselben Stunde der Nacht und wusch ihnen die Striemen ab; und er ließ sich taufen und alle die Seinen alsobald. Und führte sie in sein Haus und setzte ihnen einen Tisch und freute sich mit seinem ganzen Hause, daß er an Gott gläubig geworden war.

Kapitel IV

Philippi

Wie Gott vorangeht

»Und da sie sie wohl gestäupt hatten, warfen sie sie ins Gefängnis und geboten dem Kerkermeister, daß er sie wohl verwahrte. Um die Mitternacht aber beteten Paulus und Silas und lobten Gott.

Apostelgeschichte 16, 23. 25

Es muß ein ergreifender Augenblick für Paulus und Silas gewesen sein, als Lydia und ihre Leute getauft wurden. Sie waren die ersten Früchte einer großen Ernte, die über dem Erdteil Europa einzubringen war und die durch die Jahrhunderte des christlichen Zeitalters andauern sollte. Nun stellte diese gütige Frau ihr Haus den Dienern Gottes zur Verfügung, und manches begann sich zu entwickeln. Doch, wenn irgendwo Arbeit für Gott verrichtet wird, so wird dieses bemerkt werden, nicht zuletzt vom Feind, der allezeit auf der Lauer liegt. Wenn also das Werk des Geistes Gottes durch die hingebungsvolle Arbeit gottergebener Menschen ausgebreitet wird, so darf man sicher sein, daß der Teufel, der Gott dieser Welt, andere aufhetzen und dazu bewegen wird, diese Arbeit zu bekämpfen. Gott errichtete seinen Brückenkopf zuerst im Herzen und dann im Haus einer Frau. Ebenso versuchte der Teufel in Philippi durch einen anderen Menschen, ein jüngeres Mädchen, zu arbeiten. Als sie Paulus und den anderen nachrief, sprach sie wahre Worte. Paulus aber wollte diese Sympathie und das Geständnis nicht dulden, weil der Ursprung dafür böse war. Schließlich forderte er im Namen Jesu Christi Befreiung für das Mädchen und befahl dem bösen Geist, aus ihr herauszukommen. Friede und Gesundheit kamen wieder über dieses Mädchen, das bisher unter der Herrschaft dämonischer Kräfte gestanden hatte. Dieser besondere Vorfall führte zu der Verhaftung von Paulus und Silas und dazu, daß sie auf den Marktplatz geschleppt wurden, wo man ihnen in wildem Aufruhr die Kleider vom Rücken riß und sie heftig auspeitschte.

Wandert man heute durch die Ruinen von Philippi, so kann man immer noch einen Teil des alten Marktplatzes, der freigelegt wurde, sehen. Es besteht guter Grund zu der Annahme, daß die alten Pflastersteine aus dem ersten Jahrhundert stammen. Aller Wahrscheinlichkeit nach sind es dieselben Steine, auf denen die Diener Gottes mißhandelt wurden. – Wenn diese Steine nur sprechen könnten!

Gerade über der Straße vom Hauptplatz aus befinden sich andere Ruinen, die sich in den Hang hineinziehen. Dort war angeblich das ehemalige römische Gefängnis. Einen Überrest, der freigelegt wurde, hält man für den innersten Kerker. Und wenn dies stimmt, wäre es genau der Ort, wo Paulus und Silas hineingeworfen wurden, und wo man ihre Füße in den Holzblock einschloß. Jetzt liegt dieses innerste Gefängnis unter freiem Himmel und ist ein lieblicherer Ort, als in jenen Tagen. Damals war es bestimmt dunkel und feucht, stinkend, schlammig und ziemlich sicher voller Ungeziefer. Solch eine Unterkunft fanden Paulus und Silas vor, als Ergebnis ihres Gehorsams gegenüber dem Ruf nach Mazedonien.

In Troas waren sie ergriffen gewesen von der Erkenntnis des göttlichen Willens. Sie erlebten die unmißverständliche Führung, die ihnen durch die Vision in der Nacht gewährt wurde. Rasch und erfolgreich konnten sie von Troas nach Neapolis übersetzen, worauf bald der kleine, aber überaus ermutigende Anfang am Flußufer folgte. Gewiß gab es Grund zur Freude und zum Dank und Lob Gottes. – Aber was war jetzt? Mit blutenden Rücken wurden Paulus und Silas ins Gefängnis geworfen – und dazu brachte man sie noch in eine Stellung, bei der ihnen die Füße im Holzblock eingeschlossen wurden, so daß sie es so unbequem und schmerzlich wie nur möglich hatten. Gott führt seine Wunder auf geheimnisvolle Weise aus! Das gehörte ebenso zu dem Plan, den Gott für seine Diener hatte, wie die Verkündigung und die Taufe am Flußufer. Gott hat seine eigenen Methoden, nach denen er seine Arbeiter ausbildet. Gott hat seine eigenen Methoden, mit denen er das scheinbar Unerreichbare erreicht. Es ist leicht, Römer 8, 28 auf fromme Weise zu nennen: »Wir wissen aber, daß denen, die Gott lieben, alle Dinge zum Besten dienen, denen, die nach dem Vorsatz berufen sind.« Besonders dann nennt man diesen Vers leicht, wenn man jemandem Trost geben soll, der gerade einen schwierigen Weg durchläuft. Aber in diesem Fall sehen wir, wie dies tatsächlich geschieht. In solchen Situationen kommt es vor, daß viele Diener des Herrn sich zurückziehen oder vom Weg abweichen und so gerade aus der Lage entkommen wollen, die nicht nur für sie selbst zu großem Segen führen soll, sondern die durch Gott so gemeistert würde, daß sie unermeßlichen Segen über andere bringt. Es ist der Weg des Opferdienstes. Es ist der Weg, den der Herr ging. Sollten nicht seine Diener immer noch darauf gehen?

Versuchen Sie sich das Gespräch zwischen Paulus und Silas vorzustellen. Sie waren froh, daß sie dem Ruf, nach Mazedonien zu kommen, gefolgt waren. Paulus sagte vielleicht: »Nun, Silas, wir sind im Auftrag Gottes hier. Das ist ein schäbiges Gefängnis. Unsere Rücken bluten. Jeder Muskel und jede Sehne in meinem Fleisch schmerzen mich, und jetzt sind wir hier, und unsere Füße sind mit dem Holzblock gefesselt. Es ist jetzt um Mitternacht. Gott muß einen Zweck mit uns verfolgen. Komm, wir schauen zu ihm auf und sagen: ›Danke für das alles.‹« Sie beteten und sangen Loblieder zu Gott. – Aber unter diesen Umständen? In diesem elenden Loch? In diesem Zustand des Schmerzes und der Bedrückung? Warum denn? Weil Gott, der in den außergewöhnlichen Momenten geistlicher Erleuchtung spricht, Gott, der an jenem Flußufer Segnungen gab, der gleiche Gott ist, der sich um die Not seines Kindes in einem Gefängnisverlies kümmern und der seinen Diener durch alle Erlebnisse im Gefängnis zur Erfüllung seiner Aufgabe führen wird. Die Momente geistlicher Hochstimmung und gesteigerter geistlicher Erfahrung haben ihre Berechtigung, aber sie müssen alle in die alltäglichen Gegebenheiten des Lebens übertragen werden und ebenso in die außergewöhnlichen Umstände, die auf ein Kind Gottes früher oder später zukommen werden. Bestimmte Ereignisse möchte der Feind gerne aufgreifen und zu seinem eigenen Vorteil verwenden, um Gläubige bedrückt zu stimmen und immer verzagter zu machen, um Verzweiflung über sie zu bringen und sie dahin zu treiben, daß sie über ihr Los klagen. Dies aber sind Gottes gewaltige Augenblicke. – Ihm sei Dank dafür! – Manche sprechen von dem leidensvollen Ort, an den Gott sie gestellt hat, anstatt sich über das Vorrecht zu freuen, das sie haben, ein Zeuge des lebendigen und mächtigen Gottes an gerade solch einer Stelle der anscheinenden Schwierigkeiten zu sein. Das bedeutet nicht, daß wir unsere Augen schließen gegenüber der Tatsache, daß Paulus und Silas sich ganz genau darüber bewußt waren, daß sie in einem schmutzigen Kerker waren. Sie waren sich voll und ganz darüber bewußt, daß ihre Füße im Holzblock eingeschlossen waren. Sie haben diesen Zustand nicht vergessen. Wie könnten sie auch, in Anbetracht ihrer wunden und blutenden Rücken? Trotzdem erkannten sie – und das ist wirklich wichtig –, daß der Gott, der sie nach Europa geführt hatte, der sie nach Philippi gebracht hatte, der ihnen Segnungen am Flußufer und die Freude, die Bekehrungen dort zu sehen, gegeben hatte, der gleiche Gott war, der immer noch ihren Weg lenkte, auch wenn sie dabei jetzt in die elende Kerkerzelle eines römischen Gefängnisses geführt wurden. Dies bedeutet nicht, daß wir unbedingt versuchen sollten, in eine ähnliche Lage zu geraten. Es bedeutet aber, daß wir dann, wenn wir in ruhiger Zuversicht und im Vertrauen auf Gott vorangehen und merken, daß er uns in solch eine Notlage bringt, seiner Nähe gewiß sein und dann wissen dürfen, daß seine Kraft immer noch die gleiche ist. Er wird seine Lieben nicht verlassen. Machen Sie sich die Worte aus Hebräer 13, 5b und 6 klar, die dies nochmals versichern: »Denn er hat gesagt: ›Ich will dich nicht verlassen noch versäumen‹; also daß wir dürfen sagen: ›Der Herr ist mein Helfer, ich will mich nicht fürchten; was sollte mir ein Mensch tun?‹«

Paulus war bestens geeignet, unter der Führung des Heiligen Geistes zu späterer Zeit über die vielen Gelegenheiten und Mühen zu schreiben, die der große Feind der Menschen einzusetzen versucht, um uns von unserer erfüllenden Freude in Christus zu trennen.

»Aber in dem allem überwinden wir weit um deswillen, der uns geliebt hat« (Röm. 8, 37).

Um gerade in den Momenten, in denen alles nur noch schwarz erscheint, und man mitten in der Nacht steht, mehr als triumphieren zu können, ist es einer der sichersten Wege, den Herrn anzuerkennen und zu seiner Ehre zu singen und zu danken. Dann wird etwas geschehen!

Es geschah bestimmt etwas – und noch dazu mit aufsehenerregender Schnelligkeit. Die Gefangenen wurden geweckt. Ein gewaltiges Erdbeben tobte. Die Grundmauern des Gefängnisses wurden erschüttert. Tore wurden aufgestoßen und – auf wunderbare Weise – wurden Ketten und Fesseln gelöst. Wenn man sich klar macht, daß dies wirklich geschehen ist, kommt man zu der Frage, ob als Auswirkung des Glaubens, der Gebete und der triumphierenden Loblieder, die Paulus zum Ausdruck brachte, es nicht solche unter den Gefangenen gab, die eine größere Erschütterung erlebten – nicht ein Erdbeben, sondern eine geistliche Krise, die dazu führte, daß sie aus der Ausweglosigkeit ihrer Verirrung befreit wurden und in ein neues Leben eintraten. Ein Leben, in dem sie von nun an den Sohn und die Freiheit kannten, zu der man durch Jesus Christus geführt wird. Es könnte sein, wer weiß?

Das Erdbeben weckte den Aufseher. Die Geschichte ist voller Bewegung, wie Sie in Apostelgeschichte 16 nachlesen können. Dieser grobe, grausame und verhärtete Mann wurde in mehr als nur einer Hinsicht geweckt. Nachdem er sich versichert hatte, daß alle Gefangenen wohlauf und da waren, wurde er in große Furcht und Einsicht in Gottes Macht versetzt, worauf er ausrief: »Ihr Herren, was muß ich tun, um gerettet zu werden?« Hier war ein Mann, der das erkannte, was viel wichtiger war, als alles, das er bisher in seinem Leben gekannt hatte.

Während ich bei der Ruine dieses alten Kerkers stand, habe ich oft versucht, mir die Szene auszumalen. Ich erachte es immer wieder als wunderbar, daß der Aufseher auf genau die gleiche Weise Errettung gefunden hat, wie Menschen zu allen Zeiten seither. »Was muß ich tun, um gerettet zu werden?« Ein Schrei aus der Einsicht in Gottes Macht, der heute nicht mehr allzu oft gehört wird. Es kann aber nur die Antwort geben: »Verlaß dich auf den Herrn Jesus, dann wirst du gerettet!«

Was heißt das, wenn man sagt: »Verlaß dich auf den Herrn Jesus?« Kurz und einfach gesagt, bedeutet es, daß man sich nicht länger auf sich selbst verläßt, auf das, was man ist oder was man zu sein hofft. Man wird nicht länger auf irgend etwas anderes als ausschließlich auf den Herrn Jesus und seine Erlösungsworte am Kreuz vertrauen. Es bedeutet, daß man sich ganz auf Christus stützt, auf seinen Tod und seine Auferstehung. Es ist totale, vollkommene und unwiderrufliche Hingabe an Christus.

Geben Sie sich Christus ganz hin! Können Sie die volle Bedeutung dieses oft gebrauchten Ausdrucks erfassen? Durch den Glauben, d. h., daß man vertraut und sich selbst Christus übergibt, wird man gerettet. Dies bedeutet sofortige Vergebung der Sünde und Errettung von der Strafe der Sünde. Die unmittelbare Folge ist Friede mit Gott. Man wird von Gott angenommen und kann durch Jesus Christus ohne Last und Furcht vor ihm stehen. Dies ist lediglich der Anfang, wenn er auch wunderbar ist. An den Herrn Jesus zu glauben, was vollkommene Hingabe an ihn bedeutet, sollte wirklich von dem Augenblick der Bekehrung an die feste Haltung sein. Im Leben eines Christen wird die völlige Übergabe an Christus ständig aufrechterhalten. Man verläßt sich auf ihn, schenkt ihm unbedingtes Vertrauen und stellt seine vollkommene Erlösung Tag für Tag und von einem Augenblick zum andern unter Beweis. Dabei muß man sich auf das abgeschlossene Werk Christi zur vollen und freien Vergebung stützen und das auferstandene Leben Christi beanspruchen, um dadurch Erlösung mit jedem Schritt auf dem Lebensweg zu erfahren, selbst wenn dieser Weg in eine Gefängniszelle führen sollte.

Gott hält Ausschau nach Männern, denen er vertrauen kann, daß sie die völlige Erlösung durch ihn unter Beweis stellen, selbst wenn dies einen blutenden Rücken, dunklen Kerker oder eine ähnliche Situation bedeuten sollte. Gott will diese zu Schrittsteinen machen, über die er gehen kann, so daß er zu anderen hinreicht, die ansonsten unerreichbar scheinen. Könnte Gott Ihnen vertrauen und Sie in eine solche Situation bringen? Dies gehört zum Ruf nach Mazedonien!

Apostelgeschichte 17, 1–9

Nachdem sie aber durch Amphipolis und Apollonia gereist waren, kamen sie gen Thessalonich; da war eine Judenschule. Wie nun Paulus gewohnt war, ging er zu ihnen hinein und redete mit ihnen an drei Sabbaten aus der Schrift, tat sie ihnen auf und legte es ihnen vor, daß Christus mußte leiden und auferstehen von den Toten und daß dieser Jesus, den ich (sprach er) euch verkündige, ist der Christus. Und etliche unter ihnen fielen ihm zu und gesellten sich zu Paulus und Silas, auch der gottesfürchtigen Griechen eine große Menge, dazu der vornehmsten Frauen nicht wenige.

Aber die halsstarrigen Juden neideten und nahmen zu sich etliche boshafte Männer Pöbelvolks, machten eine Rotte und richteten einen Aufruhr in der Stadt an und traten vor das Haus Jasons und suchten sie zu führen vor das Volk. Da sie aber sie nicht fanden, schleiften sie den Jason und etliche Brüder vor die Obersten der Stadt und schrieen: Diese, die den ganzen Weltkreis erregen, sind auch hergekommen; die herbergt Jason. Und diese alle handeln wider des Kaisers Gebote, sagen, ein anderer sei der König, nämlich Jesus. Sie bewegten aber das Volk und die Obersten der Stadt, die solches hörten. Und da ihnen Genüge von Jason und den anderen geleistet war, ließen sie sie los.

Kapitel V

Thessalonich

Ihre Aufgabe: Die Welt in Ordnung zu bringen

»Sie kamen gen Thessalonich!« Apostelgeschichte 17, 1

Nicht lange nach ihrer Gefangenschaft und dem Erdbeben in Philippi waren Paulus und seine Begleiter schon wieder auf der Straße. Dieses Mal waren sie nach der geschäftigen Hafenstadt Thessalonich unterwegs. Dabei kamen sie durch zwei weitere Städte, von denen die eine Amphipolis hieß. Anscheinend machten sie weder hier noch in Apollonia halt. Wer in unseren Tagen auf der gleichen Strecke reist, kommt nach einer scharfen Straßenkurve plötzlich zu dem Löwen von Amphipolis. Dies ist ein finsteres, abstoßendes Denkmal, das einen sitzenden Löwen darstellt, der mit steinernem Blick alle beobachtet, den den Weg entlangkommen. Im gewissen Sinne ist er der selbsternannte Wächter der Landstraße. Es ist ein altes Denkmal, reicht aber nicht bis ins erste Jahrhundert zurück.

Thessalonich ist die zweitgrößte Stadt in Griechenland, mit einer Bevölkerung von weit über 300 000 Einwohnern. Jahrhunderte hindurch war es eine pulsierende Hafenstadt und hat noch heute einen blühenden Handel mit einer schönen modernen Hafenanlage. Eine gute Aussicht auf das lange Ufer der Hafenanlage erhält man vom Weißen Turm, einer ehemaligen Befestigung, die hoch oben am östlichen Ende gelegen ist.

Die Stadt wird sich seit dem ersten Jahrhundert beträchtlich verändert haben, aber damals – wie auch heute – war sie ein Bienenstock voller Geschäftigkeit. Auf den Straßen drängten und stießen sich die Leute. In jenen Tagen beherrschten die alten Transportmittel das Bild: Esel, Maulesel, Handwagen und gelegentlich eine Kutsche. Jetzt fließt durch die größeren Hauptverkehrsstraßen ständig Autoverkehr, der durch geschickte griechische Polizisten, die im klassischen Stil ihre Handzeichen geben, gut gelenkt wird. Aber auch abseits der wichtigen Hauptverkehrsstraßen in den kleinsten Gassen kann man immer noch das eilige Hin und Her der Leute beobachten. Man kann durch die engen Straßen hinauf auf die Anhöhe gehen, welche die Stadt im Hintergrund überragt, und von dort die Ruinen der ehemaligen Mauern und anderer Befestigungen sehen, die Erinnerungsstücke an vergangene Tage sind.

Thessalonich zog mit seiner Geschäftigkeit und seinem Reichtum im ersten Jahrhundert die jüdischen Kaufleute an. Hier konnte man also eine beachtliche Ansiedlung von Juden und deshalb auch eine Synagoge vorfinden. Zu dieser Synagoge ging Paulus als erstes und machte sie zum Ausgangspunkt seiner Verkündigung von Christus. An drei aufeinanderfolgenden Sabbattagen versuchte er seinen Landsleuten aus den Schriften des Alten Testaments zu zeigen, daß der Christus, von dem die Schriften sprachen, derjenige war, der leiden mußte und von den Toten wieder auferstehen sollte, und daß Jesus von Nazareth, den Paulus verkündete, jede Einzelheit dieser prophetischen Schriften erfüllte und kein anderer war als der Christus Gottes.

In den Synagogen traf man die Juden, also gerade jene Menschen, die mit den Schriften des Alten Testaments vertraut waren. Sie möchten jetzt vielleicht denken, hier wären Paulus und seine Botschaft herzlich aufgenommen worden. Man kann die wachsende Ablehnung in Philippi, der römischen Kolonie verstehen; besonders als die Herrschaft und Königsstellung Jesu Christi betont wurde. Aber hier unter den Landsleuten des Paulus – warum sollte er denn nicht offene Ohren und die Bereitschaft vorfinden, der Botschaft zu glauben, die zu verkünden er beauftragt war? Aber es war nicht so! Natürlich gab es auch solche, die glaubten. Sehr bald aber führte der wachsende Widerstand dazu, daß ihm die Tore der Synagoge verschlossen wurden. Trotzdem gab es in Thessalonich viele gottesfürchtige Griechen, die sich der jüdischen Religion angeschlossen hatten, und gewisse angesehene Frauen, die sich durch nichts anderes zufriedenstellen ließen und versuchten, ihre Erfüllung in der Religion der Juden zu suchen, und den einen Gott anbeteten. Viele von ihnen hörten weiterhin Paulus und Silas zu; gerade das aber ärgerte die Juden noch mehr, bis man sogar gewaltsam gegen den Apostel vorzugehen versuchte.

Paulus hatte bei seinen früheren Reisen unter seinen eigenen Landsleuten ähnlichen Widerstand erfahren; immer wieder aufs neue begegnete er ihm von Angsicht zu Angesicht an einem neuen Ort – stets muß er davon betroffen gewesen sein. Aus tiefstem Herzen wünschte er, daß seine Landsleute zur Erkenntnis der Wahrheit kommen sollten, wie auch er sie hatte, daß sie den auferstandenen Christus annehmen und so entdecken sollten, daß er derjenige ist, der die vollkommene Erfüllung des Alten Testaments war, derjenige, der in jeder Lage und zu jeder Zeit helfen kann. Jetzt wurde also gewaltsamer Widerstand ausgeübt – und zwar von denen, die als erste und am bereitwilligsten hätten empfänglich sein sollen. Gerade das aber muß für Paulus schlimmer zu ertragen gewesen sein als der gewaltsame Widerstand und auch die körperlichen Leiden, die er an anderen Orten durchmachen mußte.

In dem Maß, wie sich ein Diener Gottes treu an den Herrn hält und danach trachtet, Christus mit seiner ganzen Fülle als die Lösung zu jedem Problem zu verkünden, in dem Maß wird er mit Sicherheit auf heftigen Widerstand stoßen.

Wenn Sie den Herrn Jesu als denjenigen verkünden, der von Gott gesandt wurde, um zu unserer Erlösung zu sterben und um in uns zu wohnen, damit Gottes wunderbarer Plan an jenen erfüllt wird, die Gottes Kinder werden, dann werden Sie ganz bestimmt entdekken, daß in den sogenannten religiösen Kreisen, wo man am ehesten vermutet hätte, daß diese Botschaft freudig aufgenommen würde, bittere Feindschaft in Erscheinung tritt. Starre Religion, die Christenheit dem Namen nach, wird sich der Verkündigung des auferstanden Christus widersetzen. Das bedeutet, daß sie sich aber auch gegen den Herrn selbst stellt, denn die Zurückweisung der Botschaft und des Menschen, der sie als Botschafter bringt, kommt der Zurückweisung der Person Christi gleich. Wenn Gott Sie ruft und führt, damit Sie sich treu zu ihm bekennen und die ganze Fülle und rettende Kraft Christi zu erkennen geben, dann werden Sie jenen gegenübergestellt werden, die in ihrer Selbstzufriedenheit nicht gestört werden möchten, die eine bestimmte Religion haben, aber keine Kraft daraus schöpfen und die auf diese Weise weiterleben möchten. All diese haben eine feindliche Haltung angenommen.

Die damaligen Juden wurden mit Neid erfüllt, als sie die Botschaft von Paulus hörten, der über den lebendigen Gott sprach, Leben anrührte und veränderte, wie nie zuvor. Sie ließen keine Gelegenheit ungenützt, um dem Apostel und auch allen anderen, die offen zu erkennen gaben, daß sie jetzt an den Herrn Jesus glaubten, Schwierigkeiten zu bereiten. In jedem Hafen gibt es ganz bestimmte grobe und niederträchtige Typen, die jederzeit dazu bereit sind, sich zur Anstiftung eines Krawalls kaufen zu lassen. Das Haus eines Mannes namens Jason wurde besonders angegriffen. Die Tür wurde eingeschlagen, die Fenster wurden herausgebrochen und das Haus demoliert, denn sie dachten, es wäre hier, wo sie Paulus finden könnten. In diesem Aufruhr, der Verwirrung und dem gewaltsamen Haß ist ein Edelstein der Wahrheit, der in besonderem Glanz herausleuchtet, weil er inmitten so großer Schandtat und Schlechtigkeit gesetzt ist.

Es waren jene, die Paulus am meisten haßten, die über den Apostel, seine Begleiter und ihr Wirken schrien: »Diese, die den ganzen Weltkreis erregen, sind auch hergekommen« (Apg. 17, 6).

Wie beweist diese Aussage doch die Wirksamkeit der Dienste des Apostels! Gewiß fand mancher Umbruch statt. Leben wurden dem Schicksal der ewigen Verlorenheit entrissen. Der geistliche Tod mußte dem Kommen des neuen Lebens in Christus weichen. Menschen änderten sich von Grund auf. Männer und Frauen, die bisher Götzendiener gewesen waren, beteten nun den lebendigen Gott an. Früher gingen sie zu Tempeln heidnischer Götter, jetzt wohnte der Heilige Geist in ihnen. Sie waren selbst zu Tempeln des lebendigen Gottes geworden. Sie hatten neues Leben in Christus. Dieses neue Leben wurde durch eine geänderte Verhaltensweise und ein verwandeltes Wesen ausgedrückt. Stimmte es, daß diese Männer durch ihre Verkündigung in der ganzen Welt Unruhe stifteten? War es nicht eher so, daß sie für manche Menschen die Welt wieder in Ordnung brachten? Denn all jenen hat Gott alle Dinge neu gemacht, und sie wurden zu neuen Geschöpfen in Christus. Für Paulus und Silas muß es schwierig gewesen sein, daß sie mitten in der Nacht von jenen fortgeschickt wurden, die vor kurzem zu Christus gekommen waren. Jason und die anderen mußten in der Stadt zurückbleiben und waren der Verfolgung ausgesetzt, aber auch das Leben von Paulus und Silas war in Gefahr. Nach Gottes Absicht hatten sie ihre Aufgabe in dieser Stadt vorläufig erfüllt. Sie mußten weiter. Es gab noch andere Städte, andere Siedlungen, andere Männer und Frauen, für die der Ruf nach Mazedonien galt und die danach verlangten, den Weg der Erlösung zu erfahren. Zu ihnen mußte Paulus auch gehen. Es ist deshalb nicht verwunderlich, daß Paulus – sobald sich ihm die erste Gelegenheit bot – an die jungen Gläubigen in Thessalonich schrieb. So entstanden zwei Briefe, die voll von wesentlichen göttlichen Ermahnungen sind und die wir heute als ersten und zweiten Brief des Paulus an die Thessalonicher kennen. Darin ermutigt und belehrt er sie, um die Christen zuzurüsten, den Angriffen des Feindes mit neuer Kraft und Stärke entgegenzutreten. Dies tut er dadurch, daß er ihre Aufmerksamkeit auf den bald kommenden Herrn und Meister lenkt. Sie sollten feststehen. Sie sollten stark bleiben. Sie sollten sich unentwegt freuen und ohne Unterlaß beten. Sie sollten sich von allem Bösen fernhalten, wo auch immer sie es sahen. Sie hatten die großartige und wunderbare Aussicht, für immer mit dem Herrn zu sein. Der Himmel, Christus und alle seine Reichtümer waren ihr neues Erbgut, das ihnen niemand rauben konnte. Der Gott, der sie gerufen hatte, war ein Gott, der treu war und der alle seine Versprechen ausführte. Deshalb brauchten sie sich nicht davor zu fürchten, was ihnen Menschen antun könnten.

Aber in der Zwischenzeit wandern Paulus und Silas durch den Staub der Straße. Über den Bergen und in der Dunkelheit und den Gefahren der Nacht erfahren sie weiterhin, wie sie der Ruf nach Mazedonien herausfordert und was er ihnen abverlangt.

Apostelgeschichte 17, 10–14

Die Brüder aber fertigten alsobald ab bei der Nacht Paulus und Silas gen Beröa. Da sie dahin kamen, gingen sie in die Judenschule. Diese aber waren edler denn die zu Thessalonich; die nahmen das Wort auf ganz willig und forschten täglich in der Schrift, ob sich's also verhielte. So glaubten nun viele aus ihnen, auch der griechischen ehrbaren Frauen und Männer nicht wenige.

Als aber die Juden von Thessalonich erfuhren, daß auch zu Beröa das Wort Gottes von Paulus verkündigt würde, kamen sie und bewegten auch allda das Volk. Aber da fertigten die Brüder Paulus alsobald ab, daß er ginge bis an das Meer; Silas aber und Timotheus blieben da.

Kapitel VI

Beröa

Echte Aufgeschlossenheit

»Die Brüder aber fertigten alsobald ab bei der Nacht Paulus und Silas gen Beröa.« Apostelgeschichte 17, 10

Selbst Reisen bei Nacht haben ihre tröstlichen Seiten. Diese Reise erwies sich wegen der Unruhe in Thessalonich als notwendig. Dort hätten bestimmte Leute für Paulus den Tod bedeutet, wenn sie ihn ergriffen hätten. Aber Gott hatte andere Aufgaben für seinen Diener. Noch mußte die Nachricht in vielen anderen Städten verkündet werden. So schickte also die kleine Gruppe der Gläubigen in Thessalonich Paulus und Silas in der Nacht fort. Es war eine notwendige Vorsichtsmaßnahme.

Von Thessalonich nach Beröa sind es fast 80 Kilometer. Heute verbindet eine gut ausgebaute Straße die beiden Städte, aber im ersten Jahrhundert muß eine Reise von einer Stadt zur anderen ziemlich anstrengend gewesen sein. Als der Morgen dämmerte, werden sich die Wanderer darüber gefreut haben, daß sie in den wärmenden Strahlen der aufgehenden Sonne Rast machen konnten. Paulus und Silas hatten auch den jungen Timotheus dabei. Welch ein Erlebnis das doch für den jungen Diener des Herrn war. Aller Wahrscheinlichkeit nach war Lukas zurückgeblieben, um weiterhin die neuen Gläubigen in Philippi zu ermutigen und zu stärken. Heutzutage reichen zwei Stunden für eine Autofahrt zwischen den beiden Städten. Etwas länger braucht man in einem der dort üblichen Busse, die, trotz all ihrem Lärm und Geklapper, ziemlich zügig fahren. Aber für diese Diener des Herrn muß es viele Stunden gedauert haben, ehe sie matt und müde in Beröa ankamen. Wie auch in Thessalonich, gab es in dieser Stadt eine Ansiedlung von Juden und ebenso eine Synagoge, die den Ausgangspunkt für die Verkündigung von Paulus bildete. Hier wandte er sich wieder den Schriften des Alten Testamentes zu, mit denen die Juden so vertraut waren, und zeigte, wie sie unbestreitbar auf das Kommen des Messias hinweisen und daß Jesus kein anderer als ihr lang erwarteter Messias war, ein Retter und Herr, in dem alle Prophetien erfüllt wurden.

Ich erinnere mich an ein Erlebnis, das ich hatte, als ich gerade in einem der kleinen Häuser an der Hauptstraße des heutigen Veröa – so heißt die Stadt nämlich heute – saß. Meine Aufmerksamkeit wurde plötzlich durch Musikklänge erregt. Anscheinend marschierte eine örtliche Musikkapelle vorbei. Nachdem ich hinausgegangen war, bot sich mir ein Anblick, der sich nicht sehr von dem unterschied, was sich in vielen anderen Städten, die ich ab und zu besucht hatte, zu sehen bekam. Es war ein Beerdigungszug. Nicht immer geht solchen Umzügen eine Kapelle voran. Diese spielte Musik, die der Feierlichkeit des Ereignisses angemessen war. Verwandte des Verstorbenen trugen den Sarg der Kapelle voraus. Begleitet wurden sie von recht würdig aussehenden Vertretern einer Religion, die christlich zu sein behauptet, aber in Wirklichkeit tot und erstarrt ist. Mich erinnert solch ein Anblick stets an folgendes Wort Gottes: »Sie sind allzumal Sünder und mangeln des Ruhmes, den sie bei Gott haben sollten«, und »Der Tod ist der Sünde Sold« (Röm. 3, 23; 6, 23). – Die Zeiten mögen sich ändern, aber die Menschen bleiben gleich. Man kann von Land zu Land reisen – die Sitten, die Tracht der Leute und ihre Sprache können anders sein, aber im tiefsten Herzen sind diese Menschen nicht verschieden. Das Wort Gottes stimmt immer noch, denn es sagt, daß es keinen Menschen gibt, der nicht sündigt. Ebenso hat sich auch die Strafe für Sünde nicht geändert. Sie bleibt die gleiche: Der Lohn der Sünde ist der Tod. Das bedeutet Trennung von Gott.

Der Anblick, der sich mir an jenem Morgen bot, war wohl typisch für das, was in Veröa-Beröa immer wieder geschehen war, seitdem dort Menschen wohnen. Ein hier auf Erden größtenteils sinnloses Leben ist am Ende – ohne Gott und ohne Hoffnung geht es hinüber in die ewige Verlorenheit. Es gab wohl in Beröa auch in jenen Tagen Beerdigungen, als Paulus zum erstenmal in diese Stadt kam und die Botschaft vom neuen Leben mitbrachte, einem Leben, das in demjenigen gefunden werden kann, der für jeden Menschen den Tod erlitten hat, dann wieder auferstanden ist und sein Leben jenen geben will, die an ihn glauben.

Die nächtliche Reise hatte sich gelohnt, denn im Gegensatz zu Thessalonich wurde Paulus hier in Beröa mit seiner Verkündigung und Lehre in der Synagoge ganz anders aufgenommen. Diese Juden bewiesen echte Aufgeschlossenheit. Sie hatten großes Verlangen nach Gott. Uns wird berichtet, daß sie mit großer Aufmerksamkeit zuhörten. Als ihnen eine Botschaft übermittelt wurde, die ihnen bisher unbekannt, aber doch aufsehenerregend war, lasen sie sofort jeden Tag in den Schriften nach, um festzustellen, ob das, was Paulus sagte, auch stimmte, denn sie hatten Verlangen danach, mehr und mehr über die Wahrheit zu erfahren. Somit prüften sie durch das Wort die Wahrheit der Aussagen von Paulus. Zweifellos wurden viele Fragen gestellt, aber stets wandten sie sich der Schrift zu, um nach Antworten zu suchen oder um sie zu belegen; als man herausfand, daß das gesprochene Wort mit dem geschriebenen Wort übereinstimmte, wurden Leben verändert, und viele glaubten. Es wäre gut, wenn auch heute mehr Menschen, die von dem Evangelium hören, sich selbst dem Wort Gottes in einer wirklich kritisch suchenden Haltung, aber doch in Aufgeschlossenheit und dem Verlangen nach Wahrheit, zuwenden würden. Dann würden sie zweifellos die Wahrheit entdecken und auch zu lebendigem Glauben geführt werden.

Trotzdem muß bedacht werden, daß so eigentlich eher die Leute Gottes verfahren sollten; denn in dem Beispiel von Beröa handelt es sich um gebürtige Juden, die zu einem bestimmten Maß über Gott Bescheid wußten. Ihr Wissen über Gott und das, was sie von der Wahrheit erfassen konnten, war jedoch unvollständig. Mit dem Kommen des Herrn Jesus Christus wurde die vollkommene und freie Erlösung ganz offenbart, die durch die Leiden und Auferstehung Christi möglich wurde. Dies war die Botschaft, welche zu verkünden Paulus in ihre Stadt kam. Stimmte sie? Die Juden in Beröa durchforschten das Wort Gottes, um zu sehen, ob dies in ihren alten Schriften angedeutet und vorhergesagt wurde. Es war eine gute Botschaft, was sie hörten, aber sie wollten sichergehen, daß es nichts anderes als das Wort Gottes war. Sie waren nicht bereit, lediglich den Worten eines Menschen zu glauben. Sie mußten Rückhalt in der Autorität der inspirierten Schriften haben.

Dies ist eine empfehlenswerte Haltung, die einem echten Hunger nach Gottes Wort entsprach. Sie waren nicht einmal dazu bereit, sich mit dem Löffel füttern zu lassen, wie so viele Gläubige heute. Sie gruben begierig in den Schriften, so daß sie Tag für Tag neue Entdeckungen machten, und aus Gottes Wort begann sich ihnen die Wahrheit zu offenbaren wie nie zuvor. Sie glaubten, Leben wurden verwandelt; die Grundlagen für wachsende, stattliche Erfahrung wurde gelegt. Je mehr sie das geschriebene Wort Gottes kennenlernten, um so mehr lernten sie auch das lebende Wort kennen; so wurden sie dazu geführt, an Christus festzuhalten.

Lesen Sie täglich mit Eifer Gottes Wort? Machen Sie das mit voller Aufmerksamkeit, aus dem echten Verlangen heraus, mehr über den lebendigen Jesus Christus durch sein geschriebenes Wort zu erfahren? Es ist ganz offensichtlich, daß dies in mancher Hinsicht nicht getan wird. Es ist nämlich so, daß dann, wenn jede Äußerung, die von der Kanzel kommt, hinsichtlich der biblischen Wahrheit geprüft und bemessen würde, viele sogenannten Predigten ausgesondert und als unbiblisch verworfen werden müßten. Leblose Formeln und leere Worte müßten der Verkündigung der Wahrheit weichen, die den Zuhörer sowohl herausfordern als auch belehren würden und ihn näher zu Gott brächten. Der Mann auf der Kanzel könnte seine Arbeit besser tun, wenn jene auf den Kirchenbänken täglich in der Schrift lesen würden. Die Leute auf den Kirchenbänken würden aber auch unermeßlich mehr profitieren, wenn der Mann auf der Kanzel ebenso nichts anderes sagen würde, als das, was sich durch Gottes geschriebenes Wort belegen läßt.

Durch die überaus großartigen und kostbaren Versprechen aus Gottes Wort können wir am göttlichen Wesen teilhaben. Der Geist Gottes setzt das Wort Gottes in das Herz des einzelnen hinein und bringt so Glaube hervor. So kommt der Glaube aus der Predigt, das Predigen aber durch das Wort Gottes (Röm. 10, 17). Durch das gleiche Wort Gottes wird das Kind Gottes gestärkt, vorangebracht und weiterentwickelt, dadurch wächst es in der Gnade und in der Erkenntnis des Herrn Jesus. Es ist unmöglich, in Gottes Wort mit aller Aufgeschlossenheit zu forschen, ohne immer mehr von Christus zu erfahren und somit IHM die Möglichkeit zu geben, immer mehr das Leben zu beherrschen. Das Wort Gottes macht uns mit der Wahrheit vertraut, daß wir absolut unfähig sind, irgend etwas zu tun, wodurch wir unsere Erlösung verdienen könnten.

»Denn aus Gnade seid ihr selig geworden durch den Glauben – und das nicht aus euch; Gottes Gabe ist es –, nicht aus den Werken, auf daß sich nicht jemand rühme« (Eph. 2, 8–9).

Das gleiche Wort Gottes offenbart auch die totale Unfähigkeit der Kinder Gottes, ein christliches Leben aus eigener Kraft wirksam und erfolgreich zu führen.

»Wie ihr nun angenommen habt den Herrn Christus Jesus, so wandelt in ihm, und seid gewurzelt und erbaut in ihm und fest im Glauben, wie ihr gelehrt seid, und seid in demselben reichlich dankbar« (Kol. 2, 6. 7).

»Das will ich allein von euch lernen: Habt ihr den Geist empfangen durch des Gesetzes Werke oder durch die Predigt vom Glauben? Seid ihr so unverständig? Im Geist habt ihr angefangen, wollt ihr's denn nun im Fleisch vollenden?« (Gal. 3, 2. 3).

Tägliches Lesen in der Bibel führt zu großer Freude und bindet die Christen enger zu echter Gemeinschaft zusammen. Auch wird dadurch Verzagtheit vertrieben, so wie es bei den beiden Jüngern war, die auf der Straße nach Emmaus wanderten und denen Christus die Aussagen der Schrift erklärte. Später erinnerten sie sich an die Wanderung und an das Gespräch, in dem sie wie nie zuvor an Hand der Schrift über den Herrn Jesus Auskunft erhalten hatten: »Und sie sprachen untereinander: Brannte nicht unser Herz in uns, da er mit uns redete auf dem Wege, als er uns die Schrift öffnete?« (Luk. 24, 32).

Grenzenloser Reichtum, unaussprechlicher geistlicher Wohlstand und große Ausbeute wartet auf jene, die selbst die Schrift durchforschen wollen. Das zu tun, zeugt von wirklicher Aufgeschlossenheit. Sollte sich ein Kind Gottes mit weniger zufriedengeben?

Apostelgeschichte 17, 15–17

Die aber Paulus geleiteten, führten ihn bis gen Athen. Und nachdem sie Befehl empfangen an den Silas und Timotheus, daß sie aufs schnellste zu ihm kämen, zogen sie hin.

Da aber Paulus ihrer zu Athen wartete, ergrimmte sein Geist in ihm, da er sah die Stadt so gar abgöttisch. Und er redete zu den Juden und Gottesfürchtigen in der Schule, auch auf dem Markt alle Tage zu denen, die sich herzufanden.

Kapitel VII

Athen

Religion ohne Leben

»Da aber Paulus ihrer zu Athen wartete, ergrimmte sein Geist in ihm, da er sah die Stadt so gar abgöttisch.«

Apostelgeschichte 17, 16

Immer schon gab es solche, die erschreckt und bestürzt sind, wenn sich ein Widerstand gegen das Werk des Herrn stellt oder wenn sie unvorhergesehenen Schwierigkeiten begegnen. Wir müssen Widerstand und Schwierigkeiten erwarten. Schließlich ist der Feind da, der Feind unseres Herrn Jesus Christus, der jene immer wieder angreifen wird, in denen der Herr lebt und wirksam arbeitet. Der Ermutigung, die Paulus und seine Mitarbeiter in Beröa erhalten hatten, folgte bald ein neuer, wilder und überaus feindseliger Angriff der gegnerischen Juden aus Thessalonich, die nach Beröa kamen, als sie hörten, daß Paulus dort verkündigte. So ergab es sich, daß man Paulus nach Süden wegschickte; Silas und Timotheus ließ er zurück, damit sie vorläufig fortfahren konnten, jene zu bestärken, die geglaubt hatten.

Es ist ein langes Stück von Thessalonich nach Athen. Vor einiger Zeit ist eine schöne neue Autobahn gebaut worden, wodurch die Strecke erheblich verkürzt wurde. Man kann sie kurz außerhalb von Thessalonich befahren und sie hält sich näher an der Küste, als die alte Straße, die sich nach Kosani über die Berge windet. Südlich von Larissa kommt man wieder auf die alte Straße; aber sogar sie ist, trotzdem sie über aufeinanderfolgende Bergketten führt, in den letzten Jahren erweitert und ausgebaut worden, so daß man sie nicht wiedererkennt. Heutzutage kann man die Reise von Thessalonich hinab nach Athen mit dem Auto oder einem Luxusbus ziemlich schnell bewältigen. Dabei ist es aber doch eine Reise über ca. 600 Kilometer. Wenn man solch eine Reise im Hochsommer macht, kann es heiß und ermüdend sein. Ich erinnere mich noch an frühere Besuche in Griechenland, ehe die neue Straße gebaut, beziehungsweise die alte ausgebaut worden war, um wie vieles anstrengender und ermüdender die Reise damals war als heute. Die Berge schienen endlos. Wie die Straße immer weiter hinauf und wieder tief hinab führte, so schienen die Kurven immer schärfer und häufiger zu werden, wobei den Beifahrern immer schwindliger wurde. Wieviel bequemer und schneller muß aber diese Art zu reisen trotzdem gewesen sein im Vergleich zu dem, was Paulus zur Verfügung stand. Es besteht die Möglichkeit, daß er auf einem Tier geritten sein könnte – einem Esel, Maultier oder Pferd – aber es ist weitaus wahrscheinlicher, daß er die Reise zu Fuß bewältigte. Wie es scheint, sind einige der neu gefundenen Freunde aus Beröa mit Paulus nach Athen hinabgereist. Das war nicht einfach geschehen, um ihn zu begleiten, sondern Sicherheitsgründe gaben dazu Anlaß. Man kann gar nicht anders, als über die gewaltige körperliche Beanspruchung staunen, die von Paulus gefordert wurde, als er seine Missionsreise fortsetzte. Nachdem sie sicher in Athen angekommen waren, kehrten die Freunde aus Beröa nach Norden zurück, mit der Botschaft, daß Silas und Timotheus dem Apostel in Athen sobald wie möglich nachkommen sollten.

Also wartete Paulus in Athen. Man kann sich den Apostel wohl schlecht so vorstellen, daß er an irgendeinem Ort untätig gewesen wäre, und so war er schon bald draußen auf den Straßen jener alten Stadt. Athen war damals noch eine berühmte Stadt. Als Paulus dorthin kam, hatte sie den Höhepunkt ihres Ruhmes bereits überschritten, aber sie wurde immer noch als das Zentrum der griechischen Kultur anerkannt, die sich nach den Siegen Alexanders des Großen über die zivilisierte Welt ausgebreitet hatte. Athen war bekannt für seine Kultur, für seine Gelehrsamkeit und seine Philisophen. Hier durfte man erwarten, gereifte Früchte menschlicher Gelehrsamkeit und die höchsten Fertigkeiten intellektueller Kraft zu finden. Athen rühmte sich seines Wissens. Athen rühmte sich seiner Kultur. Es war gewiß ein eigenartiger Anblick, der sich den Augen des Apostels Paulus bot.

Besucht man Athen heute, so lernt man es immer noch als große Stadt kennen, die Bedeutung hat. Wenn man nach einigen Tagen oder vielleicht Wochen in mehr abgelegenen Teilen Griechenlands nach Athen kommt, ist es, als sei man in die Zivilisation zurückgekehrt. Es ist ein Bienenkorb an Geschäftigkeit, wirtschaftlich wohlhabend und bedeutend. Es ist eine der rasch wachsenden Städte Europas. Hier in Athen kann man aber auch gewaltige Tempelruinen aus einer vergangenen Zeit besichtigen, die schweigend und doch beredt von dem Athen der Vergangenheit zeugen. Die bedeutendsten unter diesen Ruinen sind jene der Akropolis. Dort kann man den Parthenon und viele andere Tempelruinen besichtigen. Die Akropolis ist der Höhepunkt des alten Athens und beherrscht immer noch das Bild der modernen Stadt. Zuerst erblickt man die Akropolis aus der Entfernung, dann besteigt man die Hänge, die zu den breiten Steinstufen führen, auf denen man schließlich in die Akropolis gelangt. Dort erhält man einen der schönsten Anblicke, den die antike Welt uns vermacht hat, was die von Menschenhand geschaffenen Gebilde anbelangt. Die Ruinen des Parthenon haben ihre ganz eigene Würde. Sie fordern zur Beachtung auf.

In Athen gibt es heute viele Kirchen des griechisch-orthodoxen Glaubens, die geistlich tot und ohne Leben sind. Man darf die etlichen ausstrahlenden Vereinigungen echter Gläubiger nicht vergessen, die vertrauensvoll und mit viel Freude ihren lebendigen Erretter und Herrn bezeugen; aber steht man heute an den Straßen Athens und betrachtet die Studenten, die Geschäftsleute und die gewöhnlichen Bürger, wie sie alle hin und her eilen, so kommt man trotzdem nicht umhin, sich zu fragen, ob sie überhaupt noch an Gott oder an geistliche Realitäten denken. Dies wird jedoch wohl für die meisten großen Städte gelten.

Das antike Athen war ein mehr beschaulicher Ort der Muse. Lukas beschreibt die Leute dort kurz und bündig mit folgenden Worten:

»Die Athener aber alle, auch die Ausländer und Gäste, waren gerichtet auf nichts anderes, denn etwas Neues zu sagen oder zu hören« (Apg. 17, 21).

Sie hatten es gerne, einfach zu stehen und sich zu unterhalten. Sie redeten auf den Straßen, sie redeten auf dem Marktplatz, ohne Zweifel redeten sie auch in ihren Tempelbauten, denn Athen hatte überaus viele Tempel, und es brüstete sich seiner vielen Götter. Dort gab es Götzenbilder jeder nur denkbaren Gottheit. Mit dieser Vielfalt von Darstellungen unzähliger Gottheiten waren sie aber nicht zufrieden; auch Glauben und Gefühle wurden durch Bilder und Altäre verkörpert, so daß ein Reisender der Antike – er schrieb im ersten Jahrhundert – sagte, es sei in Athen leichter, ein Götterbild als einen Menschen zu finden. Eine Darstellung der Situation, welcher Paulus ausgesetzt war, besagt in Apostelgeschichte 17, 16, daß die ganze Stadt voller Götterbilder war. Während er die Straßen entlangging, traf er an jeder Ecke auf diese Tempel, Götterbilder und Altäre. In gewisser Weise war Athen eine Stadt, die nach Gott suchte; dennoch gab sie ihre Zuneigung und ihren Gottesdienst diesen toten Figuren aus Gold, Silber, Stein und Holz preis.

Paulus konnte sich nicht mehr länger zurückhalten. Dieser Anblick rührte ihn zutiefst an. Wie sein Meister wurde er von Mitleid und doch auch wegen der wuchernden Abgötterei, die er sah, von Zorn gepackt. Hier waren intelligente Menschen, Menschen, die nach dem Bilde Gottes gemacht waren, die aber leblose Produkte ihrer eigenen Hände und Vorstellungen anbeteten. Mag Paulus auch in Athen gewartet haben – aber sich ruhig halten und schweigen konnte er nicht. In der Synagoge, auf den Straßen und auf dem Marktplatz sprach er alle an, die stehenblieben und ihm zuhörten – und die Athener freuten sich darüber, etwas Neues zu hören. Paulus sprach mit einem Eifer und einer Hingabe, die bei seinen Zuhörern Interesse weckte. Ein Mann mit einer Botschaft vom Leben war hier in einer Stadt, deren Ruhm verblaßte, deren Kultur zugrunde ging und deren Straßen und Tempel mit stummen Götterbildern angefüllt waren, die von geistlichem Niedergang und von geistlicher Verdorbenheit zeugten. Hier war ein Mann, der einer Stadt der Toten die Botschaft von einem lebendigen Retter verkündete, der Leben verleihen konnte, Leben von neuer Art, Leben mit mehr Erfüllung – ewiges Leben.

Sie werden vielleicht nie die Gelegenheit haben, Athen zu besuchen, aber zu gewissen Zeiten werden Sie sich in Großstädten aufhalten, den Orten, an denen Leute eng aneinander leben; dort können Sie gewaltige Menschenmengen sehen, die eilig die Straßen entlanggehen. Hin und wieder muß wohl jeder einmal an einer Stelle warten, wo fortwährendes Kommen und Gehen herrscht, z. B. an der Endstation einer Eisenbahnhauptstrecke, auf einem verkehrsreichen Platz, an den Straßen zu den großen Sportplätzen und Stadien, kurzum an den Stellen, wo viele tausend Menschen am Tag vorübergehen. Wie reagieren Sie auf solch einen Anblick? Diese Leute scheinen keine Zeit zu haben, um wegen irgend etwas anzuhalten, am allerwenigsten, um sich vor Götterbildern aus Holz und Stein zu verneigen. Aber fahren nicht viele von ihnen auf ihre eigene Weise mit dem Götzendienst fort; dienen sie nicht einem Götzen, der zwar nicht greifbar ist, an den sie aber ihr Herz gehängt haben und der deshalb auch einer ist? So eilt die Menge dahin, auf der Suche nach materiellem Gewinn, auf der Suche nach Vergnügen. Aufgrund dieser ungestümen Suche nach Befriedigung, die niemals Wirklichkeit wird, bleibt keine Zeit zum Leben. Wie reagieren Sie auf solches Verhalten wie dieses?

Werden Sie von Mitleid erfüllt wie der Herr Jesus Christus? Werden Sie innerlich getroffen, wie es bei Paulus der Fall war? Quillt Mitleid aus Ihnen hervor, das danach verlangt, daß diese Not irgendwie vor Gott gebracht werden muß? Steigt Zorn in ihnen auf, wenn Sie die Krone von Gottes Schöpfung sehen, Männer, Frauen und Jugendliche, die ihre besten Fähigkeiten und ihre größten Möglichkeiten an vergängliche, unwichtige Sachen einer materialistischen Zeit dahingeben und auf ihrem Weg zu verlorener Ewigkeit dahineilen? Oder sehen Sie nur eine Menschenmenge? Eine Menge in gewaltiger Not – ohne Zweifel –, aber eine Menge, die sich nicht ansprechen läßt und die man so schnell wie möglich vergessen sollte?

Das Mitleid, das Paulus erfüllte, und der Zorn, der ihn aufwühlte, veranlaßten ihn, seinen Mund aufzutun und Kontakt herzustellen. Sollten wir weniger tun, als er getan hat? Sollten wir jemals unter die Masse oder auf belebte Plätze gehen, ohne auf den Herrn zu sehen, damit er uns auf irgendeine Weise mit dem einen hier und dem anderen dort in Kontakt bringt, so daß wir die Botschaft vom Leben weitersagen können? Die vom Heiligen Geist ausgeschüttete Liebe wird uns bezwingen, wenn wir nur einen Augenblick innehalten und auf die Masse in ihrer ganzen Not blicken. Sollten wir jemals auf einen belebten Platz gehen, ohne die Botschaft vom Leben in Form eines ansprechenden Traktates bei uns zu haben, so daß wir es in die Hand des einen oder anderen drücken können, um auf diese Weise die gute Saat des Wortes zu säen? Paulus mußte damit beginnen, daß er zu jemanden sprach!

Wann werden wir anfangen? Wann werden Sie anfangen? Eine Menge mag unübersehbar groß sein, aber auch eine unübersehbar große Menge setzt sich aus einzelnen Menschen zusammen. Wenn eine Masse für Christus gewonnen werden soll, dann muß jeder einzelne der Masse persönlich gewonnen werden. Wenn Gott auf eine Masse blickt, so sieht er einzelne Menschen. So sollten wir es auch tun.

Berührt es Sie, wenn Sie Menschenmengen sehen, wie sie ihren Weg gehen, auf dem sie das ewige Leben verlieren? Paulus fühlte sich davon betroffen – und er ging zur Handlung über. Gott hält Ausschau nach jenen, die sich aufmachen wollen, um es ebenfalls zu tun.

Apostelgeschichte 17, 16–34

Da aber Paulus ihrer zu Athen wartete, ergrimmte sein Geist in ihm, da er sah die Stadt so gar abgöttisch. Und er redete zu den Juden und Gottesfürchtigen in der Schule, auch auf dem Markte alle Tage zu denen, die sich herzufanden. Etliche aber der Epikurer und Stoiker Philosophen stritten mit ihm. Und etliche sprachen: Was will dieser Lotterbube sagen? Etliche aber: Es sieht, als wolle er neue Götter verkündigen. (Das machte, er hatte das Evangelium von Jesus und von der Auferstehung ihnen verkündigt.) Sie nahmen ihn aber und führten ihn auf den Gerichtsplatz und sprachen: Können wir auch erfahren, was das für eine neue Lehre sei, die du lehrst? Denn du bringst etwas Neues vor unsere Ohren; so wollten wir gerne wissen, was das sei. (Die Athener aber alle, auch die Ausländer und Gäste, waren gerichtet auf nichts anderes, denn etwas Neues zu sagen oder zu hören.) Paulus aber stand mitten auf dem Gerichtsplatz und sprach: Ihr Männer von Athen, ich sehe, daß ihr in allen Stücken gar sehr die Götter fürchtet. Ich bin herdurchgegangen und habe gesehen eure Gottesdienste und fand einen Altar, darauf war geschrieben: Dem unbekannten Gott. Nun verkündige ich euch denselben, dem ihr unwissend Gottesdienst tut. Gott, der die Welt gemacht hat und alles, was darinnen ist, er, der ein Herr ist Himmels und der Erde, wohnt nicht in Tempeln mit Händen gemacht; sein wird auch nicht von Menschenhänden gepflegt, als der jemands bedürfe, so er selber jedermann Leben und Odem allenthalben gibt. Und er hat gemacht, daß von einem Blut aller Menschen Geschlechter auf dem ganzen Erdboden wohnen, und hat Ziel gesetzt und vorgesehen, wie lange und wie weit sie wohnen sollen; daß sie den Herrn suchen sollten, ob sie doch ihn fühlen und finden möchten: und fürwahr, er ist nicht ferne von einem jeglichen unter uns. Denn in ihm leben, weben und sind wir; wie auch etliche Poeten bei euch gesagt haben: »Wir sind seines Geschlechts.«

So wir denn göttlichen Geschlechts sind, sollen wir nicht meinen, die Gottheit sei gleich den goldenen, silbernen und steinernen Bildern, durch menschliche Kunst und Gedanken gemacht. Und zwar hat Gott die Zeit der Unwissenheit übersehen; nun aber gebietet er allen Menschen an allen Enden, Buße zu tun, darum daß er einen Tag gesetzt hat, an welchem er richten will den Kreis des Erdbodens mit

Gerechtigkeit durch einen Mann, in welchem er's beschlossen hat und jedermann vorhält den Glauben, nachdem er ihn hat von den Toten auferweckt.

Da sie hörten die Auferstehung der Toten, da hatten's etliche ihren Spott; etliche aber sprachen: Wir wollen dich davon weiter hören. Also ging Paulus von ihnen. Etliche Männer aber hingen ihm an und wurden gläubig, unter welchen war Dionysius, einer aus dem Rat, und ein Weib mit Namen Damaris und andere mit ihnen.

Kapitel VIII

Athen

Der unbekannte Gott

»Paulus aber stand mitten auf dem Gerichtsplatz und sprach: Ihr Männer von Athen, ich sehe, daß ihr in allen Stücken gar sehr die Götter fürchtet. Ich bin herdurchgegangen und habe gesehen eure Gottesdienste und fand einen Altar, darauf war geschrieben: Dem unbekannten Gott. Nun verkündige ich euch denselben, dem ihr unwissend Gottesdienst tut.« Apostelgeschichte 17, 22. 23

Athen – eine Stadt voller Götterbilder! Athen – wo die Menschen ihre Zeit für nichts anderes verwendeten, als entweder Neuigkeiten weiterzusagen oder zu hören! Athen – in einer Lage, die Paulus tief ergriffen hatte und ihn dazu führte, offen mit den Leuten zu reden, wobei er sich zu dem Herrn Jesus und seiner Auferstehung bekannte. Die Nachricht breitete sich rasch aus, daß ein Lehrer mit einer eigenartig neuen Botschaft da war. Die epikureischen und stoischen Philosophen behandelten ihn mit einer Verachtung, die fast an Spott grenzte. Man findet keine Anerkennung in dem, was sie über Paulus reden: »Was will dieser Lotterbube sagen?« Bei diesen abwertenden Fragen dachten sie wohl, Paulus sei wie ein kleiner Spatz, der auf dem Marktplatz herumhüpft und dabei Körner und ähnliches aufpickt. Sie betrachteten Paulus als einen, der ein paar Krümel an Wissen aufgepickt hatte und nun mit der ganzen Keckheit und Unverschämtheit eines Spatzen das Wenige, was er wußte, weitererzählte. Wirklich ein Schwätzer! Das war das Urteil der Intellektuellen Athens, denen Paulus von Jesus und der Auferstehung berichtete. Zuerst – damit er überhaupt von der Auferstehung sprechen konnte – mußte er von demjenigen erzählen, der gekreuzigt worden war. Das gab Anstoß zu Ärgernis. Das ist eine Stolperstelle für die Griechen. Dann sprach er von dem, der von den Toten wieder auferstanden war. Das hörte sich frei erfunden an und war für sie eine Beleidigung ihrer Intelligenz.

Wenn Sie auf der Akropolis stehen, so haben Sie in jede Richtung einen bewundernswerten Ausblick über Athen, das jetzt seine Grenzen sehr rasch ausdehnt. Man kann die stattlichen Säulen antiker Tempel sehen; ebenso auch das prächtige neue Sportstadion. Man kann hinabblicken auf die Ruinen des Dionysios-Theaters. Wendet man sich nach der anderen Seite, so kann man den alten Marktplatz ganz überblicken. Man nennt ihn Agora. Dort setzte sich Paulus täglich mit allen auseinander, die sich Zeit nahmen, um ihm zuzuhören. Vor einigen Jahren ist dieser Platz freigelegt worden, und es ist jetzt möglich, dort zu gehen, wo auch Paulus ging und dort zu stehen, wo auch Paulus gestanden hat. Am äußersten Ende ist ein großes neues Gebäude errichtet worden, das in Stil und Ausgestaltung genau wie eine der antiken Hallen aussehen soll. Besonders charakteristisch ist die Weiträumigkeit. Wenn man auf den Terrassen spaziert, ist es nicht zu schwierig, sich die Situation vor 1900 Jahren vorzustellen. Anstelle der jetzt üblichen Touristen, die mit verwundertem Blick alles anstarren, was es dort zu sehen gibt, kann man sich Menschen des ersten Jahrhunderts mit ihren langen Kleidern vorstellen, wie sie bedächtig auf und ab schreiten und nichts anderes zu tun haben, außer ihre Zeit zum Erzählen oder Hören einer neuen Theorie oder Lehre zu verwenden, die eben im Gespräch ist.

Zwischen der Akropolis und dem Marktplatz ist eine felsige Erhebung. Dies ist der Marshügel, der Areopag. Wenn man sich der Akropolis auf der gewundenen Straße genähert hat, dann ist man am Marshügel vorbeigekommen, den man nach einem kurzen Stück auf der linken Seite hinter sich gelassen hat, bevor der eigentliche Anstieg zur Akropolis selbst beginnt. Es ist eine verhältnismäßig kleine Erhebung. Nachdem man aber die steilen, in den Fels gehauenen Stufen hinaufklettert, kommt man auf die einer Plattform ähnliche Oberfläche und stellt fest, daß hier eine beträchtliche Anzahl von Menschen Platz gehabt haben müssen. Hierher war Paulus mitgenommen worden, und hier wurde er aufgefordert, vor den Areopagen zu sprechen; das waren die einflußreichsten und führenden Bürger von Athen. Ohne Zweifel stand er an dem der Akropolis nächsten Ende. Wegen der verhältnismäßig engen Fläche des Felsens, ist es möglich, ziemlich genau die ungefähre Stellung des Apostels Paulus zu bestimmen, als er mit den Worten begann: »Männer von Athen!« Von dieser Stelle aus kann man hinüberblicken zu den Ruinen des Parthenon, wo zu den Tagen des Paulus unablässig Götzendienst getrieben wurde. Von jedem Aussichtspunkt muß es ganz offensichtlich gewesen sein, daß diese Stadt voller Götterbilder und unzähliger Altäre war. Das flinke Auge des Apostels hatte eine Inschrift auf einem Altar erblickt, die lautete: »Dem unbekannten Gott.«

Es scheint wirklich, als hätten die Athener an jeden möglichen Gott und an jede Idee gedacht, die sie vergöttern konnten. Dann hatte jemand die glänzende Idee, daß es vielleicht noch einen anderen Gott geben könnte, der ihnen unbekannt war; damit ihnen bei ihrer Götteranbetung nichts fehlte, errichteten sie den Altar für den unbekannten Gott – für den Gott, den sie nicht kannten!

Das lieferte Paulus einen wunderbaren Anknüpfungspunkt. Es gab ausreichend Beweise, daß diese Menschen religiös waren. In unserer Bibel heißt es, daß sie die Götter hoch verehrten. Es kommt immer wieder vor, daß Menschen sehr religiös sind, dabei aber Götter verehren, abergläubisch sind und praktisch Götzendienst treiben. Es ist zum Weinen! Wie viele gibt es heute, deren Religion ganz einfach Aberglaube ist, ein Verlangen nach vergänglichem Glück oder eine Mischung aus Hoffnung und Schicksal. Religion ist nicht mehr als eine ansehnliche Umrahmung bestimmter familiärer Ereignisse: Taufe, Hochzeit, Beerdigung sowie Hilfe bei manchen Gelegenheiten, wie besonderen Zeiten, in denen man leidet oder niedergeschlagen ist und die Hilfe eines Mächtigeren sucht. Aber mit dem Ende der Schwierigkeiten wird die Religion gleich wieder in den Hintergrund gedrängt.

Vielleicht kann man von unseren Tagen und unserer Generation nicht sagen, daß sie sehr religiös ist. Dennoch ist der Mensch ein »religiöses Wesen« und kann notgedrungen nicht anders echt befriedigt werden, als durch persönliches Kennenlernen des lebendigen Gottes. Ganz unvermeidlich geben sich dann und wann die meisten einen leicht religiösen Anstrich. Man denke an den Atheisten, der stolz ausruft: »Gott sei Dank, daß ich Atheist bin!« Solchen ist der wahre Gott, der lebendige Herr Jesus Christus, gänzlich unbekannt; aber dieses Buch ist wohl kaum für sie bestimmt, und sonst möchte doch mancher von ihnen sein Leben überprüfen.

Darf ich Sie an die Worte des Herrn Jesus erinnern, als er im Gebet zum Vater sprach:

»Das ist aber das ewige Leben, daß sie dich, der du allein wahrer Gott bist, und den du gesandt hast, Jesum Christum, erkennen« (Joh. 17, 3).

Denken Sie ebenso an das Wort des Herrn zu seinem Jünger:

»Jesus spricht zu ihm: Ich bin der Weg und die Wahrheit und das Leben; niemand kommt zum Vater denn durch mich« (Joh. 14, 6).

Bei anderer Gelegenheit sagte der Herr:

»Alles, was mir mein Vater gibt, das kommt zu mir; und wer zu mir kommt, den werde ich nicht hinausstoßen« (Joh. 6, 37).

Aus diesen und anderen Schrifstellen sehen wir, daß es möglich ist, zum Herrn Jesus Christus zu kommen und ihn aufzunehmen, wodurch man Gott im persönlichen Leben und in eigener Erfahrung kennenlernen kann. Die Verkündigung von Paulus machte die Macht, die Herrlichkeit und Kraft des Herrn Jesus bekannt. Er sprach über ihn auf dem Marktplatz als Jesus, den Erlöser, und verkündete seine Auferstehung. Auf dem Marshügel erklärte er, daß Jesus derjenige ist, der die Welt gemacht hat, der Herr über Himmel und Erde ist, der Leben gibt und erhält, der Gewalt hat über alle Völker und der sich selbst für uns zugänglich gemacht hat, so daß jeder, der nach ihm verlangt, ihn finden kann, wenn er wirklich will. Er sprach von der Notwendigkeit der Umkehr, denn dieser Jesus ist auch derselbe, der dazu bestimmt ist, die Welt in Gerechtigkeit zu richten. Der Beweis dazu ist, daß er von den Toten auferstanden und jetzt lebendig ist. Er ist der, dem alle Macht im Himmel und auf der Erde übergeben worden ist. An dieser Stelle spotteten viele Athener. Sie lachten über die Nachricht, daß Jesus von den Toten auferstanden war. Für sie blieb der Herr ein unbekannter Gott. Aber dennoch war er der Gott und Herr von allen. Aber wie viele gibt es unter den Nachfolgern des Herrn, die zwar Jesus als Erlöser kennen und ihm alle Macht zuschreiben, in Wirklichkeit aber und aus persönlicher Erfahrung heraus wenig von der Kraft seiner Auferstehung in ihrem eigenen sterblichen Körper vernehmen. In gewisser Weise kann es sein, daß man den Erlöser kennt und doch nur ganz wenig von ihm weiß. Grundsätzlich stimmt man natürlich der Tatsache zu, daß er auferstanden ist. Dies wird auf besondere Weise gefeiert. Zum Beispiel besonders zu Ostern feiert man dies durch Lobgesänge; aber kennt man seine Kraft, die Kraft seiner Auferstehung, in Wahrheit und aus persönlicher Erfahrung?

Der Apostel Paulus sprach vollmächtig, ob es auf dem Marktplatz war oder auf dem Marshügel. Später schrieb er zu den griechischen Gläubigen im Norden:

»Ich vermag alles durch den, der mich mächtig macht, Christus« (Phil. 4, 13).

Es besteht kein Zweifel, daß er den Herrn nicht nur als Erlöser kannte, sondern als sein eigentliches Leben. Christus war derjenige, auf den er rechnen konnte und dem er sich willig und glücklich unterstellte, damit Christus durch ihn in der Kraft seiner Auferstehung wirkte. Dadurch wurde es dem Apostel möglich, alles zu vollbringen, was er nach Gottes Wille und Plan tun sollte. Paulus war sich auch gewiß bewußt, daß der gleiche Gott in der Lage war, für die Befriedigung der Bedürfnisse aller Gläubigen zu sorgen, denn an die gleichen Gläubigen in Mazedonien schrieb er:

»Mein Gott aber fülle aus alle eure Notdurft nach seinem Reichtum in der Herrlichkeit in Christo Jesu« (Phil. 4, 19).

Kennen Sie den Herrn Jesus Christus in der Kraft seiner Auferstehung als den, der alle Ihre Bedürfnisse völlig befriedigt, der Sie befähigt, seinen Willen zu tun, und zwar nicht irgendwie, sondern mit unwiderstehlicher Kraft? Ist er in dieser Hinsicht größtenteils ein unbekannter Gott? Im Alten Testament heißt es von dem Volk Gottes:

»Sie versuchten Gott immer wieder und meisterten den Heiligen in Israel« (Ps. 78, 41).

Sie hatten allen Grund, sich an die mächtige Führung zu erinnern, auf welch wunderbare Weise er sie von den Ägyptern befreit hatte. Der Herr hatte sie durch das Rote Meer hindurchgeführt. Sie wußten, daß er wunderbare Vorsorge für sie getroffen hatte; doch bei all den Machterweisen, die Gott ihnen schenkte und die er ihnen zuliebe geschehen ließ, wendeten sie sich trotzdem in ihren Herzen von ihm ab. Sie waren immer noch das Volk Gottes, aber sie ließen

Gott nicht so wirken, wie er wollte. Sie hinderten Gott durch ihren Unglauben. So auch zu den Tagen des Herrn, als er umherzog und Gutes tat. Es scheint, daß er ausgerechnet dort, wo man ihn am besten kannte, nur wenige Wunder tun konnte:

»Er tat daselbst nicht viel Zeichen um ihres Unglaubens willen« (Matth. 13, 58).

Wir hindern Gott durch Unglauben ihm gegenüber. Verwehren Sie sich selbst das Vorrecht, zu wissen und zu erleben, wie es ist, wenn seine mächtige Kraft in Ihnen durch Sie wirkt?

Apostelgeschichte 18, 1–17

Darnach schied Paulus von Athen und kam gen Korinth und fand einen Juden mit Namen Aquila, von Geburt aus Pontus, welcher war neulich aus Italien gekommen, samt seiner Frau Priscilla (darum, daß der Kaiser Klaudius geboten hatte allen Juden, zu weichen aus Rom). Zu denen ging er ein; und dieweil er gleiches Handwerks war, blieb er bei ihnen und arbeitete. (Sie waren aber des Handwerks Teppichmacher.) Und er lehrte in der Schule an allen Sabbaten und beredete beide, Juden und Griechen.

Da aber Silas und Timotheus aus Mazedonien kamen, drang Paulus der Geist, zu bezeugen den Juden Jesum, daß er der Christus sei. Da sie aber widerstrebten und lästerten, schüttelte er die Kleider aus und sprach zu ihnen: Euer Blut sei über euer Haupt. Rein gehe ich von nun an zu den Heiden. Und machte sich von dannen und kam in ein Haus eines mit Namen Just, der gottesfürchtig war; dessen Haus war zunächst an der Schule. Krispus aber, der Oberste der Schule, glaubte an den Herrn mit seinem ganzen Hause; und viele Korinther, die zuhörten, wurden gläubig und ließen sich taufen.

Es sprach aber der Herr durch ein Gesicht in der Nacht zu Paulus: Fürchte dich nicht, sondern rede, und schweige nicht! denn ich bin mit dir, und niemand soll sich unterstehen, dir zu schaden; denn ich habe ein großes Volk in dieser Stadt. Er saß aber daselbst ein Jahr und sechs Monate und lehrte sie das Wort Gottes.

Da aber Gallion Landvogt war in Achaja, empörten sich die Juden einmütig wider Paulus und führten ihn vor den Richtstuhl und sprachen: Dieser überredet die Leute, Gott zu dienen dem Gesetze zuwider. Da aber Paulus wollte den Mund auftun, sprach Gallion zu den Juden: Wenn es ein Frevel oder Schalkheit wäre, liebe Juden, so hörte ich euch billig; weil es aber eine Frage ist von der Lehre und von den Worten und von dem Gesetze unter euch, so sehet ihr selber zu; ich gedenke darüber nicht Richter zu sein. Und trieb sie von dem Richtstuhl. Da ergriffen alle Griechen Sosthenes, den Obersten der Schule, und schlugen ihn vor dem Richtstuhl; und Gallion nahm sich's nicht an.

Kapitel IX

Korinth

Nur ein Verlangen

»... denn ich habe ein großes Volk in dieser Stadt.«
Apostelgeschichte 18, 10

Die Verdorbenheit des antiken Korinth war sprichwörtlich. Wenn jemand in einem Schauspiel die Rolle eines Korinthers zu spielen hatte, so mußte er sich wie ein betrunkener, heruntergekommener Typ aufführen. Es war eine Stadt mit großem wirtschaftlichem Wohlstand, aber auch ein Ort der Unmoral, der sexuellen Lust und Ausschweifung, wie man es in Worten nicht beschreiben kann.

Was ihre Lage anbelangt, so könnte die Stadt kaum schöner gelegen sein. Von den Ruinen des alten Korinth aus kann man das herrlich blaue Meer des Golfs von Korinth überblicken. Hohe Zypressen umsäumen es an vielen Stellen. Hier in Korinth gibt es viele Arten dieser hochgewachsenen, eleganten Bäume. Auf der anderen Seite, über dem blauen Wasser des Golfs, liegen die Berge; sie bieten einen wunderbaren Anblick, wenn sie von der Sonne angestrahlt werden. Korinth ist wirklich ein Ort, der von seiner natürlichen Lage her viel Schönes hat. Im Hintergrund sind die düsteren und steilen Berge, die in ihrer Art dunkler erscheinen, als die restliche Aussicht, die von dem hellen Licht erleuchtet wird. Es ist, als würden sie einen finsteren Blick auf alles Tun werfen, das des Menschen, der Krone der Schöpfung Gottes, unwürdig ist; aber Ausschweifung und Begierde kannten keine Grenzen in der antiken Stadt. Manche meinen, daß Paulus das Leben in Korinth als Hintergrund gebraucht habe, um so mit den Worten des ersten Kapitels im Römerbrief den Zerfall und die elenden Tiefen, in die der Mensch gesunken war, plastisch darzustellen. Es könnte sich auch für Sie lohnen, den Schluß des ersten Kapitels im Römerbrief wieder einmal zu lesen. Alles was dort beschrieben wird, konnte man in Korinth antreffen.

Wenn man sich den weit verstreuten Ruinen nähert, so steigt das

Gebiet von der Küste her etwas an. Die ganze Gegend ist fruchtbar, und es gibt Weingärten über Weingärten. Sie sehen zwar im Winter sehr kahl aus, aber mit dem Frühling, wenn die Weinstöcke ihre neuen Triebe und Blätter zeigen, wenn später die Blüten kommen und dann die überaus süßen Trauben an den Stöcken hängen, werden sie zu einem beredten Zeugnis der Güte Gottes, der die Menschen reichlich versorgt, welche als Gegenleistung aber häufig nichts als Undankbarkeit bringen. Hier sieht man auch Olivenbäume im Frühling, und besonders fällt das kräftige Rot der Mohnblumen auf den Feldern ins Auge. Ich habe oft beobachtet, daß viele dieser Ruinen antiker Städte, Tempel und Denkmäler, die prachtvoll waren für die Menschen vergangener Zeiten, jetzt, da sie Ruinen sind, nicht selten mit diesen kleinen, lustigen Blumen geschmückt sind. Sie wachsen, blühen, und vergehen so rasch. Mich erinnert das immer an die Wahrheit, die mehr als einmal im Wort Gottes betont wird, und die in 1. Petrus 1, 24–25 so treffend ausgedrückt ist:

»Denn ›alles Fleisch ist wie Gras und alle Herrlichkeit der Menschen wie des Grases Blume. Das Gras ist verdorrt und die Blume abgefallen; aber des Herrn Wort bleibt in Ewigkeit.‹ Das ist aber das Wort, welches unter euch verkündigt ist.«

Nach dem Spott und Gelächter, das Paulus bei den Philosophen und Weisen dieser Welt in Athen geerntet hatte, ging er von dort weg und kam nach Korinth, in die Stadt, die in so herrlicher Umgebung lag, die viele schöne und prächtige Gebäude hatte, die sich ihrer Tempel rühmte, und die auf ihren Wohlstand stolz war, die aber Bürger hatte, die sich schrankenlos dem Verlangen nach Sünde und vergänglicher Lust hingaben. Es war diese Stadt, in die Paulus, der Botschafter des lebendigen Christus, das Wort des Herrn brachte.

Dieses Wort rief er aus durch die Verkündigung des Evangeliums.

Die schönen Gebäude von Korinth sind nicht mehr da. Jetzt beherrschen die Ruinen des Apollotempels die Szene. Sie gewähren ein eindrückliches Bild von dem vergangenen Glanz. Touristen ziehen unablässig dort hin, denn sie finden hier die Möglichkeit, schöne Photos zu machen, mit den langgezogenen Weingärten im Hintergrund, die zum blauen Meer hinablaufen, an das sich dann, noch weiter hinten, die hohen Berge anschließen.

Das Schöne am Menschen gleicht den Wiesenblumen, die heute noch stehen und morgen verwelken. Alles, dessen sich Korinth gerühmt hatte, ist vergangen, aber das Wort des Herrn, von dem zu reden Paulus gekommen war, wird immer noch verkündet. Es wird jetzt in diesem gleichen Land noch verkündet. Es wird jetzt über den ganzen Erdball ausgerufen. Es erkämpft sich jetzt noch seine Siege, genauso wie es sich im ersten Jahrhundert seine Wege in die Herzen und das Leben vieler Korinther bahnte.

Weil es ein Handelszentrum war, gab es viele Juden in Korinth. So begann Paulus seine Verkündigung in der Synagoge. Als sich die Juden ihm aber widersetzten und ihn beschimpften, trennte er sich von ihnen, und ein Grieche namens Justus ließ ihn bei sich wohnen. Er wohnte gleich neben der Synagoge; so war ein neuer Versammlungsraum zur Verkündigung des Wortes Gottes, das in der Synagoge abgewiesen wurde, im Nachbarhaus gefunden. Noch wichtiger aber war, daß das Wort nun auch Zugang zum Herzen und Leben vieler Griechen in Korinth hatte, die bisher von dem lebendigen Gott nichts gewußt hatten. Es wird uns berichtet, daß viele der Korinther zum Glauben kamen und dies dadurch öffentlich bezeugten, daß sie sich taufen ließen und somit kund taten, daß sie zu dem Herrn Jesus Christus gehörten, mit ihm gestorben und mit ihm auferstanden waren. Der Widerstand gegen sie nahm aber immer mehr zu. Die Feinde von Paulus schleppten ihn vor Gallio, den römischen Proconsul von Achaia; zum Nachteil der Juden war Gallio aber nicht die Art von Proconsul, die sich in solch interne Angelegenheiten verwickeln ließ. Deshalb weigerte er sich ganz einfach, als Richter über Streitfragen aufzutreten, die sich auf die jüdische Religion und das jüdische Gesetz bezogen.

»Da ergriffen alle Griechen Sosthenes, den Obersten der Schule, und schlugen ihn vor dem Richtstuhl; und Gallion nahm sich's nicht an« (Apg. 18, 17).

Schlendert man entlang der Ruinen des alten Korinth, so wird man sich plötzlich gegenüber diesem alten Gerichtssitz befinden, an dessen Vorderseite auf einer schönen Marmortafel das Wort »Bema« steht. Hier war es, wo der römische Proconsul zu Gericht saß. Hier verhing er Strafen über die Schuldigen. Hier erhielten jene seine Gunst, die ihre Sache rechtfertigen konnten, und hier verlieh er

Auszeichnungen für Taten von besonderer Tapferkeit. Zu diesem Bema wurde auch Paulus gebracht. Hier wies Gallio den vorgebrachten Fall von sich. Und hier nützten einige die Neutralität des römischen Proconsuls zu dem Gezänk der Juden aus, nahmen das Gesetz in ihre eigenen Hände und verprügelten Sosthenes, den Synagogenvorsteher; Gallio aber ließ das alles unbeachtet.

In der antiken Welt war der Gerichtssitz oder Bema eine weitverbreitete Einrichtung. In jeder bedeutenden Stadt konnte man ein solches Gericht vorfinden. Alle wußten, wofür es da war. Sogar im verdorbenen Korinth kannte man Sinn und Zweck des Gerichtssitzes.

In dem, was der Apostel Paulus an die Korinther schreibt, verwendet er einen Hintergrund, mit dem die Gläubigen vertraut waren. Dies ist, ganz nebenbei, charakteristisch für die meisten seiner Briefe. Der Herr hatte viele Leute in Korinth, und Paulus verweilte dort 18 Monate, mit dem Ergebnis, daß die Kirche Jesu Christi in Korinth gegründet wurde. Zahlenmäßig war sie relativ stark, verglichen mit anderen Kirchen des ersten Jahrhunderts. Viele der Gläubigen waren zu früheren Zeiten tief in Sünde gefallen. Paulus mußte einige von ihnen daran erinnern, was sie einst gewesen waren und erklärte ihnen:

»Und solche sind euer etliche gewesen; aber ihr seid abgewaschen, ihr seid geheiligt, ihr seid gerecht geworden durch den Namen des Herrn Jesu und durch den Geist unsers Gottes« (1. Kor. 6, 11).

Ihnen war verziehen worden, und sie waren rein durch das vergossene Blut des Herrn Jesus. Sie waren ausgesondert und zu Gottes heiligem Volk gemacht worden. Sie waren jetzt erneuert und durch ihren Glauben an den Herrn Jesus von Gott angenommen. Trotzdem machten sie Fehltritte. Zu manchen Zeiten war die Kirche gewaltig beeinflußt von der moralischen Senkgrube, inmitten der sie sich befand. Paulus mußte ihnen als ihr geistlicher Vater schreiben, um sie zu ermahnen und zurechtzuweisen, aber auch, um sie zu belehren und zu ermutigen. Es gab Fragen, die beantwortet werden mußten; deshalb auch seine Briefe, die wir als den ersten und den zweiten Brief an die Korinther kennen.

Im zweiten dieser Briefe erinnert er, daß es einen bedeutenderen

Gerichtssitz gibt als den in Korinth oder überhaupt an irgendeinem Ort. Paulus ruft die Korinther auf, ihrer Berufung gerecht zu werden und ihr Leben im Licht der Ewigkeit und des kommenden Ruhmes zu führen, wobei er betont, daß es am wichtigsten von allem ist, dem Herrn zu gefallen. Deshalb sagt er:

»Darum fleißigen wir uns auch, wir sind daheim oder wallen, daß wir ihm wohl gefallen. Denn wir müssen alle offenbar werden vor dem Richtstuhl Christi, auf daß ein jeglicher empfange, nach dem er gehandelt hat bei Leibesleben, es sei gut oder böse« (2. Kor. 5, 9–10).

Der erste Teil dieses Zitats ist vielfältig wiedergegeben worden; er will unterstreichen, daß es das große Verlangen des Paulus war – und er ruft damit alle Christen auf, gleicher Gesinnung zu sein –, daß man dem Herrn zu gefallen als oberstes Ziel haben soll, und dieses als beherrschende Bestrebung in allen Lagen sehen soll. Er unterstreicht seine Aussage mit der Bemerkung und Mahnung: »Denn wir müssen alle offenbar werden vor dem Richtstuhl Christi.« Es fällt auf, daß er später, nachdem er über all das geschrieben hatte, was in der Praxis zu echter christlicher Nachfolge gehört, in seinem Schreiben an die Christen in Rom die gleiche Mahnung gibt:

»Wir werden alle vor dem Richtstuhl Christi dargestellt werden« (Röm. 14, 10b).

Diese Stellen beziehen sich nicht auf das Gericht über die Sünde, denn dem Gläubigen ist volle Vergebung geschenkt. Christus hat mit seinem Körper die Strafe für unsere Sünde getragen. Für ein Kind Gottes wird es dafür keine Strafe geben. Trotzdem gibt es so etwas wie Treue im christlichen Leben. Als Paulus den ersten Brief an sie schrieb, mußte er dieselben Christen unbedingt daran erinnern, daß sie jetzt nicht mehr sich selbst gehörten:

»Oder wisset ihr nicht, daß euer Leib ein Tempel des Heiligen Geistes ist, der in euch ist, welchen ihr habt von Gott, und seid nicht euer selbst? Denn ihr seid teuer erkauft; darum so preiset Gott an eurem Leibe und in eurem Geiste, welche sind Gottes« (1. Kor. 6, 19–20).

Das gilt auch heute für jedes Kind Gottes. Wir gehören Christus. Wir sind durch einen unermeßlichen Preis losgekauft worden. Der

Herr hat seinen Heiligen Geist in unsere Herzen gesandt, deshalb sind wir der Tempel des lebendigen Gottes. Wir schulden ihm völlige, ungeteilte Treue. Christus in uns ist unsere Hoffnung auf Herrlichkeit. Unser ganzes Leben sollte deshalb Christus zur Verfügung stehen. Dies schließt gleichzeitig mit ein, daß wir erkennen, daß er ganz in unser Leben eingreifen können muß, damit er in und durch uns tun kann, was immer er möchte. Wenn wir uns also gänzlich dem Herrn übergeben und nicht mehr auf uns selbst vertrauen, so sind auch wir durch lebendigen Glauben aufgerufen, das zu tun, was ihm gefällt. Auf diese Weise erfüllt sich der Wille Gottes in unserem Leben. Damit dies auch möglich wird, hat Gott mit dem Leben des Herrn Jesus Christus in uns, und zwar durch die Person des Heiligen Geistes, ausreichend Vorsorge getroffen.

Es ist jedoch leider auch möglich, daß man etwas falsch macht und für sich selbst lebt, anstatt für Christus; dabei kann es sogar vorkommen, daß man, wie die alten Korinther, sein Verhalten den schlechten Sitten anpaßt, die in der unmittelbaren Umgebung vorherrschen. Es kann sein, daß der Geist, das geistliche Verständnis und das Gewissen abgestumpft werden, wenn man beständig mit der unbekehrten Welt zu tun hat, wodurch man fast unmerklich auf eine niedrigere Stufe des christlichen Lebens abgleitet. Paulus war sich dessen bewußt.

Er war der gleichen Verführung ausgesetzt. Er wußte, was es bedeutet, körperlich und auch geistig ermüdet zu sein und trotzdem noch voranzudrängen. Er wußte nur zu genau Bescheid über die Verführungen, die weiterhin die Gläubigen in Korinth beunruhigen würden; aber er sagte: »Trotzdem muß es noch das große Bestreben bleiben, das einzige Ziel und der einzige Zweck unseres Lebens: daß wir dem Herrn gefallen in jeder Beziehung und zu jeder Zeit. Wir müssen alle vor dem Gericht erscheinen, das Christus halten wird.« Großer Lohn wartet auf jene, die treu sind. Es ist hier auch nötig, daß jene, die in ihrem christlichen Leben und Dienst treulos sind, getadelt werden! Lassen Sie die Wahrheit in Ihr Herz und Ihren Verstand, damit Sie nicht irgendwo nachlässig werden, damit Ihre Aufmerksamkeit nicht auf andere Dinge gerichtet wird, sondern damit Sie nur danach ausschauen, wie Sie ihm gefallen können! Wenn man dem Ruf nach Mazedonien folgt, so erfordert dies völlige Hingabe an Christus.

Apostelgeschichte 20, 1–12

Da nun die Empörung aufgehört, rief Paulus die Jünger zu sich und segnete sie und ging aus, zu reisen nach Mazedonien. Und da er diese Länder durchzogen und sie ermahnt hatte mit vielen Worten, kam er nach Griechenland und verzog allda drei Monate. Da aber ihm die Juden nachstellten, als er nach Syrien wollte fahren, ward er zu Rat, wieder umzuwenden durch Mazedonien. Es zogen aber mit ihm bis nach Asien Sopater von Beröa, von Thessalonich aber Aristarchus und Sekundus und Gajus von Derbe und Timotheus, aus Asien aber Tychikus und Trophimus. Diese gingen voran und harrten unser zu Troas. Wir aber schifften nach den Ostertagen von Philippi an bis an den fünften Tag und kamen zu ihnen gen Troas und hatten da unser Wesen sieben Tage.

Am ersten Tage der Woche aber, da die Jünger zusammenkamen, das Brot zu brechen, predigte ihnen Paulus und wollte des andern Tages weiterreisen und zog die Rede hin bis zu Mitternacht. Und es waren viel Lampen auf dem Söller, da sie versammelt waren. Es saß aber ein Jüngling mit Namen Eutychus in einem Fenster und sank in einen tiefen Schlaf, dieweil Paulus so lange redete, und ward vom Schlaf überwältigt und fiel hinunter vom dritten Söller und ward tot aufgehoben. Paulus aber ging hinab und legte sich auf ihn, umfing ihn und sprach: Machet kein Getümmel; denn seine Seele ist in ihm. Da ging er hinauf und brach das Brot und aß und redete viel mit ihnen, bis der Tag anbrach; und also zog er aus. Sie brachten aber den Knaben lebendig und wurden nicht wenig getröstet.

Kapitel X

Mazedonien und Griechenland

Viel auf Reisen

»Da nun die Empörung aufgehört, rief Paulus die Jünger zu sich und segnete sie und ging aus, zu reisen nach Mazedonien. Und da er diese Länder durchzogen und sie ermahnt hatte mit vielen Worten, kam er nach Griechenland und verzog allda drei Monate.«

Apostelgeschichte 20, 1. 2

Man braucht ungefähr zehn Sekunden, um das voranstehende Zitat zu lesen, aber die Reise von Paulus muß sich über viele Tage, Wochen und Monate erstreckt haben und sehr ermüdend gewesen sein. Er brach von Ephesus in Kleinasien auf, reiste nach Troas, setzte dann zweifellos nach Neapolis über, begab sich von dort nach Philippi und der umliegenden Gegend Mazedoniens. Es könnte auch sein, daß er bei dieser Gelegenheit noch weiter landeinwärts nach Norden ging, sich später nach Süden wendete und nochmals, wie unsere Schrift berichtet, nach Achaia, dem südlichen Teil des heutigen Griechenlands, kam. Mit modernen Verkehrsmitteln kann man solch eine Reise jetzt ziemlich bequem und einigermaßen schnell durchführen, aber wenn wir nur an jene Zeit in Mazedonien und Griechenland denken, so muß es Paulus Stunden über Stunden gekostet haben, zu Fuß über die holprigen Wege und Pfade zu wandern. Es mag Gelegenheiten gegeben haben, in denen ihm ein Tier zur Verfügung stand und die Strapazen seiner Reise milderte; aber auch dieses Transportmittel machte enorm müde. Er war der Hitze des Tages ausgesetzt, und bei Nacht schlief er im Freien. Wenn er die Reise im Winter ausführte, dann bedeutete dies, daß er bitterer Kälte ausgesetzt war und die Berge im tiefen Schnee überqueren mußte. Griechenland ist zwar sonnig, aber es gibt dort extreme Temperaturschwankungen. Im Sommer kann es über 40 Grad im Schatten geben, aber es gibt Gegenden, besonders im Norden und in den Bergen, wo es im Winter klirrend kalt wird. Die Schneefälle sind stark, und der Verkehr ist dadurch sehr behindert. Es muß in den Tagen des Paulus ähnlich gewesen sein. Er mußte Bäche und Flüsse durchwaten, wobei er zu manchen Zeiten in eisiges Wasser tauchte, und immer bestand die Möglichkeit, von Räubern überfallen zu werden.

Paulus war solchen Gefahren auch auf anderen Reisen ausgesetzt gewesen, aber dadurch fielen ihm die Anstrengungen, die von ihm gefordert wurden, auch nicht leichter. Er wurde älter, und seine körperlichen Kräfte sowie seine Strapazierfähigkeit müssen im Laufe der Zeit – besonders aber wegen der Leiden, die er durchgemacht hatte – abgenommen haben. Es ist bezeichnend, daß er sogar in seinem Schreiben an die Gläubigen in Korinth, an die Gefahren und andere Schwierigkeiten erinnert, denen er während seiner Reise ausgesetzt war:

»Ich bin oft gereist, ich bin in Gefahr gewesen durch die Flüsse, in Gefahr durch die Mörder, in Gefahr unter den Juden, in Gefahr unter den Heiden, in Gefahr in den Städten, in Gefahr in der Wüste, in Gefahr auf dem Meer, in Gefahr unter den falschen Brüdern; in Mühe und Arbeit, in viel Wachen, in Hunger und Durst, in viel Fasten, in Frost und Blöße« (2. Kor. 11, 26–27).

In den Versen, die diesem Zitat unmittelbar vorausgehen, zählt er andere Leiden auf, die er immer wieder ertragen mußte; aber im Moment richten wir unsere Aufmerksamkeit auf die Bedingungen, denen er gerade zu jener Zeit ausgesetzt gewesen sein muß, als er über das Land reiste. In manchen Lagen war er müde und schmerzbeladen, weil er unwegsame Pfade hatte oder über die Berge klettern mußte. Zu Zeiten brach er fast vor Hunger, Durst, Kälte und wegen schlechter Kleidung, mit der er dem harten Klima ausgesetzt war, zusammen.

Die Missionsreisen des Paulus geben in christlichen Kreisen stets dazu Anreiz, daß man sich mit ihnen beschäftigt. Nur selten aber bedenken wir, wie aufwendig sie für den Apostel waren. Hat je ein Missionar seit Paulus so wie er gelitten?

Die bisherige Betrachtung war auf die äußeren Mühen gerichtet; aber während er reiste, müde und abgekämpft, Kilometer um Kilometer, wurde er auch auf andere Weise niedergedrückt:

»Ich werde täglich angelaufen und trage Sorge für alle Gemeinden« (2. Kor. 11, 28).

Es war für Paulus eine Freude und ein Vorrecht, in Gegenden zu gehen, in denen man niemals zuvor etwas von Christus gehört hatte. Als Ergebnis seiner treuen Verkündigung von dem, der gekreuzigt wurde, der wieder auferstand und der jetzt für alle Zeit lebendig ist, durfte er sich freuen und sehen, wie einzelne Menschen durch den Geist Gottes wiedergeboren wurden und sich in kleinen christlichen Gemeinden zusammenfanden. So entstanden die Kirchen des ersten Jahrhunderts. Dieses gewaltige und große Vorrecht brachte aber auch Verantwortung mit sich, denn im ersten Jahrhundert – wie in jedem anderen auch – wurde die Arbeit des göttlichen Geistes beständig angefochten von dem Herrscher über die Mächte geistlicher Finsternis. Folgt man den Spuren des Apostels, dann stößt man so oft auf jene, die seine Lehre und sein Ansehen untergraben wollten. Außerdem waren mitten in der christlichen Gemeinde solche, die sich erhoben und verkehrte Lehren verkündeten. Viele Fragen waren zu beantworten, die das praktische christliche Verhalten inmitten einer heidnischen und götzendienerischen Gesellschaft betrafen. In vielen Fällen gab es nur einen, an den sich Gläubige wenden konnten, wenn sie in Not waren, und das war Paulus. Er freute sich, wenn die Bekehrten durch seinen Dienst festen Halt bekamen, aber es bedrückte ihn, daß das Werk irgendwie verdorben und vernichtet werden könnte, z. B. durch falsche Lehren oder durch unangemessenes, unchristliches Verhalten. Dies war die größte Last, die er trug, während er über die staubigen Landstraßen reiste: Die Sorge um die Gemeinden.

Es war tatsächlich zu einem sehr großen Teil diese Sorge, um deretwillen Paulus nach Mazedonien, in die umliegende Gegend und später nach Griechenland kam, denn man kann nachlesen, daß eine der Hauptaufgaben dieser Reise darin bestand, viele hilfreiche Ermahnungen zu geben. Diese richtete er an die kleinen Häufchen von Gläubigen, die hier und da übers Land verteilt waren. Wenn er einen Ort oder eine Stadt aufsuchte, worin es eine kleine Gruppe von Christen gab, so kam er von der Reise gezeichnet und ermüdet an. Versuchen Sie, sich die Szene vorzustellen!

Vielleicht trifft ihn schon – ehe er noch die bescheidene Wohnung eines Gläubigen erreicht – einer von ihnen auf der Straße. Welche Freude! Welche Umarmung! Rasch gibt man die Nachricht an andere Christen weiter. Ein Junge wird ausgeschickt, um zu ihren Häusern zu gehen, mit der frohen Kunde, daß der geliebte Paulus wieder in ihren Ort gekommen ist. Ganz schnell versammeln sich alle Christen, die kommen können. Dann sind noch welche in abgelegenen Dörfern und draußen auf den Feldern, wo sie arbeiten. Ganz sicher findet man eine Möglichkeit, um auch sie zu benachrichtigen; und alle, die können, versammeln sich so schnell wie möglich. Andere, die nur Sklaven sind, müssen warten, bis die Nacht schon lange hereingebrochen ist, und die Pflichten des Tages ein Ende genommen haben. Dann können sie weggehen. Zu dieser Zeit ist dann Paulus schon mitten in seiner Rede.

Bestimmt gab es in den größeren Städten Bekehrte, die in der Lage gewesen waren, ihm ihre geräumigen Wohnungen zur Verfügung zu stellen. Wegen der dichteren Bevölkerung war es hier einer größeren Anzahl möglich gewesen, sich zu versammeln. Es muß oft ganz ähnlich gewesen sein, wie es in Apostelgeschichte 20, 7–11 beschrieben steht. Wie man sieht, ereignete sich der besondere Vorfall, der in jenem Kapitel angesprochen wird, in Troas. Aus der Beschreibung ist ersichtlich, daß die Gläubigen in einer Wohnung von beträchtlicher Größe versammelt waren. In einem gefüllten Versammlungsraum redete Paulus bis tief in die Nacht, während die Sturmlampen oder Kerzen ein mattes Licht über die Gesichter der Versammelten warfen. Sie verlangten danach, jedes Wort von dem, der ihr geistlicher Vater und Lehrer war, in sich aufzunehmen. Bei jener besonderen Gelegenheit, nach der Wiederbelebung des Eutychus, fuhr Paulus fort zu sprechen, bis der Tag anbrach. Dann mußten jene, die Sklaven und Unfreie waren, unbedingt gehen. Für sie gab es keinen Achtstundentag! Sie hatten bei der Versammlung die ganze Nacht zugehört, aber sie gingen in den vor ihnen liegenden Tag mit neuem Einsatz, denn sie waren durch das Wirken des Apostels geistlich gestärkt und bereichert worden, und sie wußten wieder ganz neu, daß ihre Kraft aus der Freude am Herrn kam.

Zu diesem Ereignis heißt es: ». . . und also zog er aus.« Auch das hat er bestimmt oft erlebt. Mühsame Reisen, gefolgt von Reden, die weit in die Nacht, wenn nicht sogar die ganze Nacht hindurch dauerten, und dann am Morgen ging es wieder weiter zum nächsten

Ort. Zwar gab es auch Fälle, wo er einige Tage oder vielleicht auch länger blieb, um ausführlich zu lehren; Paulus war aber sehr häufig unterwegs, sonst hätte er gar nicht solche Strecken zurücklegen können, wie sie uns aus seinen Reisen bekannt sind.

Als Ergebnis seiner früheren Reisen hatten sich in abgelegenen Städten und Dörfern, vielleicht auch in abgelegenen einzelnen Gehöften, kleine Gruppen gebildet; sie zu besuchen war wohl auch eine Aufgabe von Paulus. Dort sind wohl eine Handvoll Leute in einer für unsere Verhältnisse schäbigen, wenn auch sauberen, Hütte zusammengekommen, wo sie von dem neuen Leben zeugten, das man in Jesus Christus findet. Dieses Häufchen Gläubiger hat den kleinen Raum, der sonst als Wohnzimmer, Küche, Schlafzimmer und für alles mögliche diente, bestimmt ganz ausgefüllt. Auch hier war Paulus bereit, über das zu sprechen, was Jesus Christus für uns bedeutet. Sie konnten ihres Herrn gedenken, indem sie das Abendmahl hielten. Sie konnten gemeinsam beten, und am Morgen oder bestenfalls nach wenigen Tagen mußte Paulus wieder weiter. Ich bin mir ziemlich sicher, daß die Christen Paulus auf seinem Weg aus dem Dorf begleiteten. Sie haben wohl nochmals gebetet und ihre gegenseitige Liebe zum Ausdruck gebracht, wie es in einer weiteren Stelle der Apostelgeschichte, am Ende des 20. Kapitels, beschrieben wird. Diese handelt zwar auch von einem Ereignis in Kleinasien, aber es muß anderswo ganz ähnlich gewesen sein.

»Und als er solches gesagt, kniete er nieder und betete mit ihnen allen. Es ward aber viel Weinen unter ihnen allen, und sie fielen Paulus um den Hals und küßten ihn« (Apg. 20, 36–37).

Ein neugieriger Beobachter hätte leicht sehen können, wie groß ihre Liebe zueinander war. Wie eigenartig, daß sie gerade diesen hergewanderten Juden liebten! Aber war er nicht ihr Vater in Christus? Sie waren eins mit ihm in dem Herrn Jesus. Noch letzte Grüße, dann begann er seinen Marsch auf der Landstraße. Sie schauten sich nochmals um und winkten, bis er schließlich hinter einer Biegung verschwand und sie ihn nicht mehr sehen konnten. Dann gingen die Gläubigen mit neuer Freude und Kraft zu ihren Wohnungen zurück, denn sie waren reicher geworden. Sie waren wieder gestärkt und aufgerichtet. Sie merkten sich die Worte, die Paulus zu ihnen gesprochen hatte. Nur wenige, wenn überhaupt welche, besaßen irgendwelche Notizen oder Pergamente, auf denen wichtiges festgehalten war. Aber sie bewahrten die Worte, die zu ihnen gesprochen worden waren, in ihren Gedanken. Während die Tage vergingen, erinnerten sie sich gegenseitig an das, was gesagt worden war. Sie waren nicht allein, denn Paulus hatte sie nochmals besucht und ihre Aufmerksamkeit auf den Herrn Jesus gerichtet. Sie waren nicht allein. Der Herr war mit ihnen! Der Herr war in ihnen! Der Herr würde sie nie verlassen. So wurden sie ermutigt, an dem festzuhalten, was Gott ihnen schenkte, und konnten dies frisch und mit neuem Eifer anderen Menschen bezeugen.

Wie aber ging es dem Diener Gottes auf der Straße? Es ist leicht möglich, daß ihn gelegentlich einer der Gläubigen viele Kilometer auf seiner Wanderschaft begleitete und dann nach Hause zurückkehrte. Das war für den Apostel natürlich ein Grund zur Freude und bereicherte seine Beziehung zu den einzelnen. In manchen Fällen reiste Paulus auch mit denen, die er als seine nächsten Mitarbeiter ansah. Paulus hatte während seines Dienstes anderen neue Kraft gegeben, aber in der Erfüllung dieser Aufgabe wurde auch er durch die herzlichen Empfänge und vielen Zeichen liebevoller Verbundenheit gestärkt und aufgerichtet. Er selbst erfuhr dadurch eine geistige und körperliche Erneuerung, die genauso auf den geistlichen Bereich wirkte. Er konnte sagen, wie schon der Herr vor ihm: »Meine Speise ist die, daß ich tue den Willen des, der mich gesandt hat, und vollende sein Werk.« Ob er unterwegs war, oder ob er seinen Dienst in einer Gemeinde verrichtete: Er wurde vom Herrn versorgt und getragen, dem er so treu diente.

Aber er mußte vorwärtsdrängen. In dem vierten Kapitel des Johannesevangeliums, aus dem gerade zitiert wurde, fuhr der Herr mit den Worten fort:

»Sagt ihr nicht, es sind noch vier Monate, so kommt die Ernte? Siehe, ich sage euch: Hebet eure Augen auf und sehet in das Feld; denn es ist schon weiß zur Ernte« (Joh. 4, 35).

Aus diesem Grund drängte der Apostel voran. Die Felder waren schon reif zur Ernte. Noch gab es viele, denen Christus bekannt gemacht werden mußte. Überall waren suchende Menschen, die nur in Christus ihre Sehnsucht stillen konnten. Auch warteten

Gläubige auf ihn, die ermutigt und gestärkt werden mußten. Immer wieder mußte er weiter reisen.

Seine physischen Kräfte wurden dadurch angegriffen, aber er hatte seinen Körper als lebendiges Opfer gegeben. Er war bereit, überall hinzugehen, wo der Herr ihn haben wollte. Er gehörte nicht sich selbst, er war durch einen Preis erkauft worden. Aber das gilt gleichermaßen für alle Gläubigen.

Christus hält immer noch Ausschau nach jenen, die keine Kosten scheuen. Vergleichen Sie die Anforderungen, die Ihr christlicher Dienst an Sie stellt, mit dem unermüdlichen, selbstaufopfernden Einsatz von Paulus, diesem unerschrockenen Diener des Herrn!

Man sagt, daß christlicher Einsatz wertlos sei, wenn er kein Opfer kostet. Ist das der Grund, weshalb es so viele unfruchtbare Einsätze gibt?

Persönliche Annehmlichkeiten und was einen selbst betrifft, haben den Vorrang, und obgleich sich alle einig sind, daß überall Not herrscht, scheint doch diese Not nie behoben zu werden. Liegt der Grund hierzu darin, daß die Diener des Herrn nicht bereit sind, so wie der Apostel, ohne Einschränkung Christus immerzu bekanntzumachen?

Es ist nicht die Aufgabe aller, auf staubigen Straßen zu reisen, aber für jeden Gläubigen ist die unmittelbare Umgebung, in der er lebt, sein wichtigstes Arbeitsfeld, um Menschen mit Gott in Verbindung zu bringen. Das ist bestimmt auch in unserer nächsten Nähe sehr nötig! Für manche wird es weitere und, geographisch gesehen, umfassendere Wirkungsbereiche geben. Der christliche Dienst kann verschiedene Formen annehmen; eine besondere davon ist, wenn er in einer christlichen Wohnung verwirklicht wird. Paulus bediente sich regelmäßig dieser Möglichkeit, um das Wort Gottes weiterzugeben. Eine Wohnung, die dem Herrn zur Verfügung steht, kann unermeßliche Dienste leisten, nicht nur als Zentrum, um Gottes Botschaft weiterzusagen, sondern auch als Stätte, in der Gläubige ermutigt, gestärkt und nach Gottes Plan weitergebildet werden. Vielleicht werden dadurch die Teppiche verschmutzt und die Polstermöbel abgenützt, aber Christus wird verherrlicht, und reicher Lohn sowohl hier zu dieser Zeit als auch danach ist das Ergebnis.

Solche Nachteile oder Unannehmlichkeiten, die daraus folgen können, sind Kleinigkeiten, verglichen mit all dem, was Paulus begegnete, und worüber er sich freute, denn er durfte am Haus seines Herrn bauen.

Wie weit sind Sie bereit, in Ihrem Dienst für Christus zu gehen? Wie weit sind Sie bereit, Ihr Leben dem Herrn zur Verfügung zu stellen? Der Ruf nach Mazedonien stellt totale Forderungen. Man kann nichts zurückhalten.

Matthäus 28, 18–20

Und Jesus trat zu ihnen, redete mit ihnen und sprach: Mir ist gegeben alle Gewalt im Himmel und auf Erden. Darum gehet hin und lehret alle Völker und taufet sie im Namen des Vaters und des Sohnes und des Heiligen Geistes, und lehret sie halten alles, was ich euch befohlen habe. Und siehe, ich bin bei euch alle Tage bis an der Welt Ende.

Römer 15, 15–20

Ich habe es aber dennoch gewagt und euch etwas wollen schreiben, liebe Brüder, euch zu erinnern, um der Gnade willen, die mir von Gott gegeben ist, daß ich soll sein ein Diener Christi unter den Heiden, priesterlich zu warten des Evangeliums Gottes, auf daß die Heiden ein Opfer werden, Gott angenehm, geheiligt durch den Heiligen Geist.

Darum kann ich mich rühmen in Jesu Christo, daß ich Gott diene. Denn ich wollte nicht wagen, etwas zu reden, wo dasselbe Christus nicht durch mich wirkte, die Heiden zum Gehorsam zu bringen durch Wort und Werk, durch Kraft der Zeichen und Wunder und durch Kraft des Geistes Gottes, also daß ich von Jerusalem an und umher bis Illyrien alles mit dem Evangelium Christi erfüllt habe und mich sonderlich geflissen, das Evangelium zu predigen, wo Christi Name nicht bekannt war, auf daß ich nicht auf einen fremden Grund baute.

Kapitel XI

Nach Illyrien

Ins nächste Land

»... also daß ich von Jerusalem an und umher bis Illyrien alles mit dem Evangelium Christi erfüllt habe.« Römer 15, 19b

Die Aufzeichnungen, die wir über die Missionsreisen des Apostel Paulus haben, sind keineswegs genau ausgeführte Berichte. Unter der Führung des Heiligen Geistes wählte der Verfasser Lukas Punkte aus, die von herausragender Bedeutung waren und auch ihren besonderen Wert als Lehrstücke hatten; aber es muß unzählige Orte gegeben haben, die der Apostel aufgesucht hatte, während Lukas sie nicht erwähnt. Die Erfahrungen und Mühen, die er durchmachte, sind unvorstellbar. Weitaus mehr, als man in der Apostelgeschichte nachlesen kann, ist niemals aufgeschrieben worden. In diesem Zusammenhang ist interessant, was Paulus selbst dazu in seinem Brief an die Christen in Rom schreibt, wo es heißt, daß er das Evangelium von Christus von Jerusalem aus im weiten Bogen bis nach Illyrien hinbrachte.

Wo ist Illyrien?

Reiste man in den Tagen des Römischen Reiches von Mazedonien aus nach Norden, so kam man in die römische Provinz Illyrien, die heute den südlichen Teil Jugoslawiens bildet. Zweifellos schloß sie auch Teile von Albanien mit ein und erstreckte sich bis an die Küste Dalmatiens. Auf weiten Strecken ist dies eine bergige Gegend. Die Geschichte berichtet uns, daß das illyrische Volk aus rauhen Menschen bestand, wie man es sich angesichts ihres gebirgigen Landes auch gut vorstellen kann. Von ihnen kamen fortwährend Plagen über die Mazedonier, und von der Küste Dalmatiens aus war damals schreckliches Unheil über die Schiffahrt gekommen. Die Inseln und die Beschaffenheit der Küste bildeten ideale Stützpunkte für Piraten. Hauptsächlich aus diesem Grund war das Land von den Römern unterworfen und ihrem Reich eingegliedert worden. Trotzdem blieben die Leute dort weitgehend die gleichen. Es war nicht ein Land, das man gerne freiwillig bereisen würde, aber Paulus ging sogar bis nach Illyrien. Keine genauen Angaben sind darüber gemacht, wie er in diese spezielle Provinz kam, aber er hatte dabei das gleiche Ziel, wie auch bei seinen Besuchen in anderen Gegenden, nämlich, Christus bekanntzumachen.

Sogar noch wenige Jahre nach dem Zweiten Weltkrieg konnte es ein ziemlich gewagtes Unternehmen sein, in Jugoslawien zu reisen; nicht daß die Leute gefährlich oder nicht gastfreundlich gewesen wären, sondern wegen der Straßenverhältnisse. Wenn man längere Zeit über viele Kilometer auf diesem holprigen Untergrund fuhr, war man manchmal geneigt sich zu fragen, ob man denn nun überhaupt noch auf der Straße war. In manchen Fällen konnte man nicht unterscheiden, ob nun die Wasserläufe den Weg kreuzten oder ob der Weg die Wasserläufe kreuzte. Irgendwie aber schien es immer durchzugehen. Man mußte einfach, wenn man die Reise fortsetzen wollte! In den letzten Jahren ist in dieser Hinsicht durch den Bau der Autoput, der jugoslawischen Autobahn, ein großer Fortschritt gemacht worden. Jetzt kann man sich auf den neuen Straßen bequem durch den größten Teil des Landes von Norden nach Süden, oder umgekehrt, bewegen. Trotzdem kann es immer noch ein aufregendes Erlebnis sein, wenn man mit dem eigenen Fahrzeug unterwegs ist und sich in abgelegenere Gegenden begibt.

Ein Jude, der aus Mazedonien kam, wird in Illyrien wohl kaum willkommen gewesen sein; aber ob mit oder ohne Gefahren, Paulus mußte voran, damit er den Auftrag, den ihm der Herr gegeben hatte, erfüllen konnte. Er war bereit, das Evangelium zu verkünden, ob im zivilisierten Athen, im korrupten Korinth oder unter den rauhen und gefährlichen Bergbewohnern Illyriens.

Die Entfernung von Jerusalem nach Illyrien betrug fast 2000 Kilometer Luftlinie. Aber Paulus konnte diese Strecke nicht fliegen, er mußte lange und ermüdende Reisen auf sich nehmen. Vielleicht legte er einen Teil des Weges nach Ephesus oder einem anderen Hafen in der Nähe in einem der schäbigen Segelschiffe jener Tage zurück, reiste von dort durch Kleinasien, setzte von Troas nach Neapolis nochmals mit dem Schiff über und ging dann durch Mazedonien buchstäblich Schritt um Schritt immer weiter, um Christus zu verkündigen. Paulus trat stets tapfer für die Wahrheit ein, und sein Mut war nicht zu bezwingen. Aber es muß auch irgendeine wohlwollende Hilfe über seiner Reise geruht haben, bis er in diesen abgelegenen Gegenden ankam, um die frohe Neuigkeit von dem Erlöser zu erzählen, der geboren worden, gestorben und wieder auferstanden war, daß alle Menschen zur Erkenntnis der Wahrheit kommen konnten.

Der südliche Teil Jugoslawiens ist dünn bevölkert. Zweifellos war das auch in den Tagen des Paulus der Fall. Die Städte sind verhältnismäßig klein und liegen weit auseinander. Es gibt wenig große Städte, wie z. B. Skopie oder das Touristenzentrum an der Küste Dalmatiens, Dubrovnik. Zum größten Teil sind die Leute bäuerlich, freundlich und oft schön anzuschauen. In dieser Gegend im Frühling zu reisen, macht unbeschreibliche Freude, besonders wenn die Apfelbäume in voller Blüte stehen. Folgt man den alten Wegen, anstatt auf der modernen Autoput zu fahren, so hat man den Vorteil, von Apfel- und Kirschbäumen umgeben zu sein, die man im Frühling beachten sollte. Hier begegnet man noch Bauern, die das Land auf eine Weise bearbeiten, die an vergangene Tage erinnert; hier ist der Ochse noch nicht durch den Traktor verdrängt worden. Hier kann man Jungen und Mädchen sehen, die auf ein paar Schafe oder eine Schweineherde aufpassen. Die Schweine scheinen übgrigens mit ihren gekräuselten Borsten eine ungewöhnliche Anziehungskraft zu haben. Hier findet man auch noch Wasserbüffel, mächtige und kräftige Tiere, die ziemlich häufig zur Arbeit auf einem Bauernhof oder zu ähnlichen Zwecken verwendet werden. An schönen Tagen ist es nichts Ungewöhnliches, wenn man Frauen sieht, wie sie das Vieh auf der Weide hüten und nebenbei am Straßenrand spinnen. Dieses Land stellt an den Botschafter vom Kreuz immer noch eine Herausforderung dar. Ohne Zweifel konnte Paulus zu seiner Zeit ziemlich frei seine Botschaft verkünden, aber es gab noch viele andere und außergewöhnliche Probleme, mit denen er sich konfrontiert sah. Manche Gefahren hatte er zu bestehen, aber nichts konnte ihn abschrecken. In dem gleichen Brief an die Christen in Rom erklärt er: »Ich bin ein Schuldner der Griechen und der Ungriechen, der Weisen und der Unweisen« (Röm. 1, 14).

Christus bedeutete so viel für ihn, Christus hat so viel für ihn getan, daß er sich dazu verpflichtet sah, allen Menschen überall von Christus zu erzählen, ob sie nun gebildet waren oder nicht, ob sie Juden waren oder zu anderen Völkern gehörten. Aus diesem Verlangen reiste er sogar bis nach Illyrien.

Paulus hatte grenzenloses Vertrauen in die Macht des Evangeliums. Er wußte, daß dieses Evangelium den lebendigen Christus selbst beinhaltete. Für Paulus war das Evangelium identisch mit Christus. Er wußte, daß Christus derjenige war, der sich um die Nöte aller Menschen kümmern konnte, wo auch immer sie waren und unabhängig von ihrer Stellung, ob gebildet oder einfach, ob zivilisiert oder primitiv.

Dieser weitere Ausdruck von tiefem Mitleid des guten Hirten im Leben und Wirken von Paulus erinnert uns an die Worte des Herrn Jesus, als er sagte: »Und ich habe noch andere Schafe, die sind nicht aus diesem Stalle; und dieselben muß ich herführen, und sie werden meine Stimme hören, und wird eine Herde und ein Hirte werden« (Joh. 10, 16).

Ich bin im Zweifel, ob die Illyrer der vergangenen Zeit so anziehend wirkten, wie die Leute im südlichen Jugoslawien heute. Nach allem, was über sie berichtet ist, waren sie gerade das Gegenteil. Aber der große Auftrag, der an die Kirche – und somit an jeden einzelnen Christen – gegeben ist, fordert uns auf, die ganze Schöpfung mit Christus bekanntzumachen. Jeder Mann hat das Recht, davon zu hören! Jede Frau hat das Recht, davon zu hören! Jedes Mädchen hat das Recht, davon zu hören! Gott hält immer noch Ausschau nach jenen, die bereit sind, von Jerusalem nach Illyrien zu gehen, wo verborgene Gefahren und ungewisse Erlebnisse auf sie warten, wo die Leute abweisend und feindlich sind. Geographisch gesehen muß das gar nicht weit weg sein. Die meisten großen Städte haben ihre gefährlichen Viertel. Unzufriedene Jugendliche trifft man auch in kleineren Städten. Überall gibt es solche, denen man ansieht, daß ihnen Liebe fehlt. Die große Aufforderung bleibt bestehen: Geht! »Gehet hin . . .« – und dieses Versprechen des Herrn, als er den Auftrag gab, ist immer noch gültig – ». . . Und siehe, ich bin bei euch alle Tage bis an der Welt Ende.« Als Kind Gottes dürfen Sie gewiß sein, daß der Herr immer mit Ihnen ist, bis ans Ende der

Welt, wo immer Sie sind und wo immer Sie auch hingehen. Die Gewißheit, daß der Herr unablässig bei ihm war und die Kraft, die er von ihm empfing, brachten Paulus nach Illyrien. Lassen Sie es zu, daß der Herr Sie nach Illyrien bringt? Der Ruf nach Mazedonien führt immer zu solchen Orten und zu solchen Leuten hin, wie sie in Illyrien waren.

Römer 15, 20 und 24–33

... und mich sonderlich geflissen, das Evangelium zu predigen, wo Christi Name nicht bekannt war, auf daß ich nicht auf einen fremden Grund baute ...

... So will ich zu euch kommen, wenn ich reisen werde nach Spanien. Denn ich hoffe, daß ich da durchreisen und euch sehen werde und von euch dorthin geleitet werden möge, so doch, daß ich zuvor mich ein wenig an euch ergötze.

Nun aber fahre ich hin gen Jerusalem den Heiligen zu Dienst. Denn die aus Mazedonien und Achaja haben willig eine gemeinsame Steuer zusammengelegt den armen Heiligen zu Jerusalem. Sie haben's willig getan, und sind auch ihre Schuldner. Denn so die Heiden sind ihrer geistlichen Güter teilhaftig geworden, ist's billig, daß sie ihnen auch in leiblichen Gütern Dienst beweisen. Wenn ich nun solches ausgerichtet und ihnen diese Frucht versiegelt habe, will ich durch euch nach Spanien ziehen. Ich weiß aber, wenn ich zu euch komme, daß ich mit vollem Segen des Evangeliums Christi kommen werde.

Ich ermahne euch aber, liebe Brüder, durch unsern Herrn Jesus Christus und durch die Liebe des Geistes, daß ihr mir helfet kämpfen mit Beten für mich zu Gott, auf daß ich errettet werde von den Ungläubigen in Judäa und daß mein Dienst, den ich für Jerusalem tue, angenehm werde den Heiligen, auf daß ich mit Freuden zu euch komme durch den Willen Gottes und mich mit euch erquicke.

Der Gott aber des Friedens sei mit euch allen! Amen.

Kapitel XII

Die Reise nach Spanien

Weiter vorwärts

»So will ich zu euch kommen, wenn ich reisen werde nach Spanien. Denn ich hoffe, daß ich da durchreisen und euch sehen werde . . .«
Römer 15, 24

Paulus beabsichtigte also, Spanien zu besuchen! Das sonnige Spanien! Es ist von den Touristen wiederentdeckt worden. Im Gegensatz zum überwiegenden Teil Westeuropas scheint in den abgelegenen Teilen dieses Landes die Zeit stehengeblieben zu sein. Jetzt werden große Anstrengungen unternommen, um vieles zu verbessern und die Lebens- und Arbeitsbedingungen auf den modernen Stand zu bringen. Auch wurden in dem Land aus mehreren Gründen Reisende nicht immer so frei aufgenommen, wie das heute der Fall ist. Aber jetzt sind Touristen herzlich willkommen, und entlang der Küste sind Orte, die noch vor kurzer Zeit abgelegene und unbedeutende kleine Fischerdörfer waren, zu belebten Touristenzentren geworden. Wenn man von Gibraltar entlang der Küste geradewegs nach Norden reist, so kann man wirklich erleben, daß einem überall lachend gesagt wird, daß es hier keine Spanier gibt, nur ausländische Touristen! Spanien ist ein Land des Sonnenscheins, aber leider der geistlichen Dunkelheit. Es ist ein Land, in dem gewaltige geistliche Not herrscht, ein Land, in dem es lebendige christliche Gemeinschaften gibt, die eifrig und mutig von ihrem Herrn Zeugnis geben, die aber sehr eingeengt und schwer verfolgt worden sind. Ein Land, in dem die Sonne scheint, in dem es aber auch Schatten gibt. Geistlich gesehen liegt es im Schatten. In diesem Land wird auf manche Weise ein prächtiger Anblick von Festlichkeit geboten, aber in diesem Land muß es auch viele hungrige Menschen geben, Menschen, die nach der Wahrheit hungern. Dort nämlich gibt es viel Religiosität, die nicht die Wahrheit will; sogenanntes »Christentum«, dem die Forderungen und die Kraft des lebendigen Christus unbekannt sind.

Der unermüdliche Apostel Paulus überblickte die Felder der Welt im ersten Jahrhundert aus seiner Sicht. Zu seiner Zeit lag Spanien weit weg von ihm. Um dort hinzukommen, hätte er eine anstrengende und gefährliche Reise über weite Landstrecken machen müssen. Es wäre vielleicht schneller gegangen, wenn er ein Schiff genommen hätte, aber selbst dann wäre eine Reise wie diese strapaziös und lang, wahrscheinlich auch gefährlich, gewesen. Der Mann, der bereit war, das Evangelium in Damaskus, in Jerusalem, in Kleinasien, in Mazedonien, in Griechenland und in Illyrien zu verkünden, war auch bereit, das Wagnis der langen Reise auf sich zu nehmen, um diese Botschaft nach Spanien zu bringen. Der Ruf: »Komm herüber und hilf uns!« erscholl mit neuer Stärke und aus einer neuen Richtung. Er entschloß sich, eine Reise nach Spanien zu machen. Er konnte den Hilferuf der Menschen aus weit entfernten Ländern nicht überhören. Das Evangelium ist schließlich auch an Spanien gerichtet.

Im ersten Jahrhundert trieben viele Kaufleute mit Spanien Handel. Auf der Suche nach Gold, Silber und anderen Schätzen fuhren sie mit ihren Schiffen über das ganze Mittelmeer. Sollte der Botschafter vom Kreuz nicht auch dort hingehen? Sollte nicht der Botschafter von Christus bereit sein, die unerforschlichen Reichtümer Christi auch in Spanien bekanntzumachen und dabei Schätze aus der Dunkelheit und versteckte Reichtümer aus verborgenen Stellen zur Ehre des Erlösers zusammentragen?

Im Alten Testament ist oft von Tarsis die Rede. Man nimmt an, daß Tarsis der Teil des südlichen Spanien war, der in der antiken Welt für seine reichen Bodenschätze bekannt war. Sie erinnern sich vielleicht, daß Jona, als er dem Auftrag des Herrn entfloh, nach Jafo, dem heutigen Jaffa bzw. Tel Aviv ging, und dort ein Schiff fand, das mit Kurs auf Tarsis auslief. Wenn dies die Gegend nördlich von Gibraltar ist, dann bedeutet das, daß Jona mit dem Schiff so weit weg wie nur möglich von dem Ort gebracht werden wollte, an den ihn der Herr berufen hatte. Die Propheten Jeremia und Hesekiel erwähnen beide den Reichtum von Tarsis, das Silber, Eisen, Zinn, Blei und die vielen anderen Schätze, die es dort gab. Diese Bodenschätze zogen die Phönizier an. Zweifellos gab es viele jüdische Kaufleute, die in den Handelszentren der antiken Welt Waren aus

Tarsis anboten. Paulus mußte einfach dorthin, um Schätze für den König der Könige zu suchen.

Spanien gehörte auch zu dem weit ausgedehnten Römischen Reich. Heute zeugen vereinzelte römische Ruinen von der Eroberung durch die Legionen Roms und der langen Herrschaft ihrer Erbauer über dieses Land. Rom konnte stolz von sich sagen, daß es »Hispania« unter seiner Herrschaft hatte. So wollte auch der Botschafter des Königs der Könige nach Spanien, um dort das siegreiche Banner des Kreuzes zu setzen und darunter alle zu sammeln, die auf den auferstandenen und lebendigen Christus vertrauen.

Wenn man heute an der Mittelmeerküste Spaniens entlangfährt, kann vielleicht ein eifriger Führer die Stelle sagen, wo Paulus vor langer Zeit angelegt haben könnte. Aber wurde Paulus jemals sein Verlangen, nach Spanien zu kommen, erfüllt?

Diese Frage ist gar nicht so leicht zu beantworten. Es ist ganz klar, daß er Spanien besuchen wollte und dabei unterwegs die Gläubigen Roms zu besuchen beabsichtigte, aber aus der Schrift geht nicht hervor, ob er dieses Vorhaben jemals verwirklichen konnte. Es ist interessant und bemerkenswert, daß gegen Ende des ersten Jahrhunderts Klemens von Rom sagte, daß Paulus bis zu den Grenzen im Westen gekommen sei. Dies scheint auf einen Besuch in Spanien hinzudeuten. Aus einem anderen Schriftstück des zweiten Jahrhunderts – dem Muratorischen Fragment – geht ziemlich klar hervor, daß Paulus in Spanien war, so daß es also gut sein kann, daß es dem Apostel möglich war, seinen Wunsch zu erfüllen. In diesem Fall hätte er die Reise gemacht, nachdem er aus seiner ersten Gefangenschaft in Rom entlassen worden war, worüber im Schlußkapitel der Apostelgeschichte berichtet ist.

Von einem Standpunkt aus spielt es aber keine Rolle, ob nun der Apostel sein Vorhaben ausführen konnte oder nicht. Die Tatsache nämlich bleibt, daß ihn die Aufgabe, die bisher noch Unerreichten zu erreichen, ganz ausfüllte, daß er die Zeit ausnützte und daß er für seinen Herrn und Meister tätig war. Er konnte sich nie zur Ruhe setzen. Er konnte sich nirgends fest niederlassen. Er konnte nie ganz ausspannen. Vielleicht ist seine Einstellung und Lebenshaltung am besten mit seinen eigenen Worten zusammengefaßt:

»Aber ich achte der keines, ich halte mein Leben auch nicht selbst teuer, auf daß ich vollende meinen Lauf mit Freuden und das Amt, das ich empfangen habe von dem Herrn Jesus, zu bezeugen das Evangelium von der Gnade Gottes« (Apg. 20, 24).

Diese Haltung steht in großem Gegensatz zu der, die man heutzutage allzu oft in christlichen Kreisen antrifft. Der geringste Anlaß oder die erste Schwierigkeit werden sofort als Entschuldigung genommen, um nicht weiterzugehen und um nichts mehr für die Erweiterung des Königreichs von Christus zu tun. Wenn Paulus jemals Spanien besucht hat, so muß er es als alter Mann getan haben. Er hätte sich wegen der Anstrengungen und Strapazen einer so langen und aufreibenden Reise in seinem Alter leicht entschuldigen können. Warum sollte er nicht einen seiner tüchtigen jüngeren Männer dort hinschicken? Es scheint, als ob der Apostel, von dem Augenblick seiner Bekehrung an, ein ganz hingegebener Mann war. Auf der Straße nach Damaskus sagte er: »Herr, was willst du, daß ich tun soll?« Anscheinend hat er diese Haltung durch alle weiteren Jahre hindurch beibehalten. Er war ein Mann, der dem Herrn immer zur Verfügung stand. Er war jederzeit einsatzbereit und wäre für seinen Meister überall hingegangen. Als er schon ziemlich alt war, schrieb er an die Gläubigen in Philippi, die er aus ganzem Herzen liebte:

». . . und jage – nach dem vorgesteckten Ziel – nach dem Kleinod, welches vorhält die himmlische Berufung Gottes in Christo Jesu« (Phil. 3, 14).

Wie stehen Sie zur Verbreitung des Evangeliums bis in die entlegensten Gegenden der Welt? Nicht daß Sie sich selbst auf den Weg dorthin machen sollen, aber wenn im Herzen das glühende Verlangen brennt, den großen Auftrag »Gehet nun zu allen Völkern der Welt!« zu erfüllen, dann wird sich das gewiß irgendwie bemerkbar machen. Jene, die bereit sind, dem Ruf des Meisters zu folgen, werden nicht lange warten müssen, um irgendeine Einsatzstelle zu finden. Gott kennt das Herz. Er vernimmt das Verlangen. Für einige, besonders für jene, die noch jünger sind, wird die Befolgung dieses Auftrags nichts Geringeres mit sich bringen, als wirklich von zu Hause und von geliebten Menschen wegzugehen. Für viele andere wird es bedeuten, die verantwortungsvolle Aufgabe zu übernehmen, Mittel zur Verfügung zu stellen, wodurch erst ermöglicht wird, daß andere ausgesandt werden können. Alle aber haben die Möglichkeit, mitzubeten und so zu helfen, mit anderen zusammen Christus in den noch unerreichten Gegenden bekanntzumachen.

Titus 1, 4–5 und 3, 8–15

Dem Titus, meinem rechtschaffenen Sohn nach unser beider Glauben: Gnade, Barmherzigkeit, Friede von Gott, dem Vater, und dem Herrn Jesus Christus, unserm Heiland!

Derhalben ließ ich dich in Kreta, daß du solltest vollends ausrichten, was ich gelassen habe, und besetzen die Städte hin und her mit Ältesten, wie ich dir befohlen habe:

Das ist gewißlich wahr; solches will ich, daß du fest lehrest, auf daß die, so an Gott gläubig sind geworden, in einem Stand guter Werke gefunden werden. Solches ist gut und nütze den Menschen. Der törichten Fragen aber, der Geschlechtsregister, des Zankes und Streites über das Gesetz entschlage dich, denn sie sind unnütz und eitel. Einen ketzerischen Menschen meide, wenn er einmal und abermals ermahnt ist, und wisse, daß ein solcher verkehrt ist und sündigt, als der sich selbst verurteilt hat.

Wenn ich zu dir senden werde Artemas oder Tychikus, so komm eilend zu mir gen Nikopolis; denn daselbst habe ich beschlossen den Winter zu bleiben. Zenas, den Schriftgelehrten, und Apollos fertige ab mit Fleiß, auf daß ihnen nichts gebreche. Laß aber auch die Unsern lernen, daß sie im Stand guter Werke sich finden lassen, wo man ihrer bedarf, auf daß sie nicht unfruchtbar seien.

Es grüßen dich alle, die mit mir sind. Grüße alle, die uns lieben im Glauben.

Die Gnade sei mit euch allen! Amen.

Kapitel XIII

Nikopolis

Stärkung zur Winterszeit

»Komm eilend zu mir gen Nikopolis; denn daselbst habe ich beschlossen, den Winter zu bleiben.« Titus 3, 12

Paulus schrieb diesen Brief an Titus in der kurzen Zwischenzeit der Freiheit, die er hatte, nachdem er aus der ersten Gefangenschaft in Rom entlassen worden war. Der Schiffbruch und die Ankunft des Paulus in Rom, worüber man in der Apostelgeschichte nachlesen kann, ereigneten sich vor der Abfassung des Briefes an Titus. In einem späteren Kapitel werden wir uns mit Paulus beschäftigen, wie er auf See in Sturm geriet, Schiffbruch erlitt und besonders, wie er in der Hauptstadt Rom ankam, und wir werden sehen, welche weiteren Ereignisse dort noch stattfanden. Diese Ereignisse bilden einen Höhepunkt in dieser Betrachtung der Herausforderung des Rufes nach Mazedonien. An dieser Stelle soll deshalb der Abschnitt aus dem Brief an Titus früher behandelt werden, als er gemäß dem zeitlichen Ablauf an der Reihe wäre.

Während Paulus zum erstenmal in Rom gefangengehalten war, verfaßte er den Brief an Philemon. Darin ersucht er Philemon, den entlaufenen Sklaven Onesimus wieder bei sich aufzunehmen und ihm nochmals zu vergeben. Paulus bezeichnet sich dabei als »alter Mann« und auch als »für Jesus Christus im Gefängnis«. Paulus, ein alter Mann!

Wie alt wird Paulus wohl zu dieser Zeit gewesen sein? Man kann es unmöglich genau bestimmen, aber im Hinblick darauf, wie er sich selbst bezeichnet, können wir ziemlich sicher schließen, daß er in fortgeschrittenem Alter gewesen sein muß. Wenn man sich nochmals die vielen ereignisreichen Erlebnisse vor Augen führt, die Mühen, Leiden, Reisen und Anstrengungen, die er durchgemacht hatte, seit er auf der Straße nach Damaskus zu Christus gekommen war, dann kann man gut verstehen, wie ihm all diese Strapazen körperlich zugesetzt haben müssen. Vereinzelte Stellen in seinen Briefen deuten darauf hin, daß es oft Zeiten gab, in denen er körperliche Leiden hatte, schwach und gebrechlich war. Aber trotzdem kommt man, wenn man seinen Dienst und alles, was dazugehört, betrachtet, nur zu einem Ergebnis: Paulus muß – in einfachen Worten gesagt – ein zäher Kerl gewesen sein. Und doch gab es für ihn Zeiten, in denen er sehr schwach war. Gerade das aber machte ihn mehr und mehr vom Herrn abhängig. Damit bewies er, daß Christus voll und ganz ausreicht, um alles durchstehen zu können. An der Stelle, an der er in seinem Brief an die Christen in Korinth über den »Stachel in seinem Fleisch« schreibt, berichtet er, wie der Herr zu ihm sagte:

»›Laß dir an meiner Gnade genügen; denn meine Kraft ist in den Schwachen mächtig.‹ Darum will ich mich am allerliebsten rühmen meiner Schwachheit, auf daß die Kraft Christi bei mir wohne« (2. Kor. 12, 9).

Die Quelle seiner Kraft war Christus. Christus war sein Leben. Christus war es, der ihn befähigte, jedem Hindernis entgegenzutreten, jede Schwäche zu tragen und gelassen jede Lage zu beherrschen. Das bedeutet aber nicht, daß sich an ihm die Erscheinungen des zunehmenden Alters nicht bemerkbar gemacht hätten. Paulus wußte, daß er langsam alt wurde.

Während er in seinem Haus, das er gemietet hatte, als Gefangener des Kaisers in Rom lebte, war er in seiner Bewegungsfreiheit eingeengt, blieb aber in keiner Weise untätig. Unablässig kamen und gingen Besucher. Von Rom aus sandte er mehrere seiner gewaltigen Briefe. Er betete viel für die jungen Gemeinden, bei deren Gründung er als Werkzeug in Gottes Hand gedient hatte, die er jetzt aber nicht mehr besuchen konnte. Man kann sich gut denken, daß Paulus, sobald er wieder frei war, nicht lange brauchte, bis er neue Reisen machte. Der Heilige Geist hat es als gut erachtet, uns keine Berichte darüber zu hinterlassen. Wenn Paulus jemals Spanien besucht haben sollte, dann muß es zu dieser Zeit gewesen sein. Die Überlieferung berichtet, daß er nochmals Kleinasien besuchte, was gewiß möglich ist. Er ging auch nach Kreta, wo er Titus zurückließ. Ein Blick auf Titus 1, 5 gibt uns darüber Auskunft, daß es als Ergebnis seines Wirkens auf dieser Insel in allen Städten Gruppen von Gläubigen gab. Wie überaus fruchtbar war doch der Dienst des Paulus!

Aus seinem Innersten floßen wirklich Ströme lebendigen Wassers, die Leben und Segen für andere brachten. Nachdem er Titus auf der Insel Kreta zurückgelassen hatte, schrieb er ihm sehr bald, um ihn zu ermutigen und um ihm weitere Anweisungen zu geben. Dabei drückt er auch seine Absicht aus, den Winter in Nikopolis zu verbringen.

Diese Stadt liegt in dem Teil Griechenlands, den man Epirus nennt, an der griechischen Adriaküste, südlich der Insel Korfu. In den Tagen des Paulus war es eine blühende Stadt. Der Name Nikopolis bedeutet »Stadt des Sieges«. Gegründet wurde die Stadt von Kaiser Augustus um 30 v. Chr., um an seine bedeutenden Siege zu erinnern. Man sagt, daß Herodes der Große auch eine Anzahl prächtiger Bauwerke errichten ließ und so die Bedeutung und das Ansehen der Stadt erhöhte. Heute sind nur noch Ruinen da. Trotzdem zeugen die römischen Überreste noch von ihrer einstmaligen Größe und Anziehungskraft. Es muß ein gut gelegener Ort gewesen sein, dem nach Süden die Adria offen stand und der nach Norden und Osten durch Gebirgszüge abgesichert war. Jedenfalls hielt ihn Paulus für einen geeigneten und zweckmäßigen Ort, an dem er den Winter verbringen konnte. Aufgrund seines Alters und seiner körperlichen Schwäche sah er sich vielleicht zu diesem Entschluß gezwungen. Möglicherweise beabsichtigte er auch, hier bis zu einem gewissen Grade in Ruhe zu leben, abseits von Problemen und Schwierigkeiten, um neue Kraft für seine Reisen schöpfen zu können. Diese Zeit nützte er auch, um ermutigende Briefe an Gläubige zu schreiben, die immer mehr durch die Schrecken der Verfolgung im ganzen Römischen Reich heimgesucht wurden. Es war sein Wunsch, daß Titus kommen sollte, damit sie dort Gemeinschaft miteinander haben könnten. Und wer weiß, vielleicht kamen auch noch andere seiner Mitarbeiter dort zusammen und sprachen gemeinsam über die Pläne zur Verbreitung des Evangeliums. Sie konnten zusammen beten, bis schließlich die Zeit kam, da sie wieder auseinandergehen mußten, ein jeder voller Ermutigung für die Gläubigen und getrieben von dem Verlangen, den großen Auftrag, Christus bekanntzumachen, zu erfüllen.

Darf der Diener des Herrn – wie hier – manchmal zur Ruhe kommen? Soll er sich Zeit nehmen, um das Erlebte zu verdauen, um in der Stille dem Herrn durch Gebet näherzukommen, um von seinem Geist geprägt zu werden und um seinen Willen noch besser zu erkennen? Ist es überhaupt nötig, sich zu bestimmten Zeiten von allen Schwierigkeiten weg in die Stille zurückzuziehen, um von dem allmächtigen Herrscher neue Anweisungen zu erhalten? Es scheint wirklich nötig zu sein.

Es besteht die Gefahr, die bei Paulus zwar nicht aufgetreten zu sein scheint, aber vielen droht, die christliche Dienste tun, daß sie nämlich eine Haltung einnehmen, wie sie die Jünger hatten, nachdem sie zum erstenmal von Jesus ausgesandt worden waren. Von ihrem Erfolg überwältigt, kehrten sie zurück und erzählten dem Herrn von allem, was sie gelehrt und getan hatten. Es ist leicht möglich, daß sie auf ihre Leistungen etwas stolz waren; und der Herr sagte zu ihnen:

»›Lasset uns besonders an eine wüste Stätte gehen und ruhet ein wenig.‹ Denn ihrer waren viele, die ab und zu gingen; und sie hatten nicht Zeit genug, zu essen« (Mark. 6, 31).

Es scheint unbedingt nötig zu sein, daß neben der Gemeinschaft, die jedes Kind Gottes in jedem Augenblick mit seinem Herrn haben sollte, es auch solche Gelegenheiten gibt, in denen man sich ganz bewußt zurückzieht. Das gilt besonders für jene, die schwere Lasten tragen und sich manchen Problemen ausgesetzt sehen. Wenn alle Versuche Satans fehlgeschlagen sind, einen Diener des Herrn von seiner Aufgabe, die Gott ihm gegeben hat, abzulenken, dann greift er dazu über, daß er ihn verleitet, sich übermäßig zu beschäftigen, so daß mancher Christ von einer Geschäftigkeit in die andere eilt, ähnlich wie einst Martha, die alle Hände voll zu tun hatte. Auch der Dienst eines Christen kann sich zu sinnloser Aktivität entwikkeln; unablässiger und unbedachter Einsatz kann zum Widerstand gegen den Herrn selbst werden; und die Abhängigkeit von Christus kann sich in Selbstbezogenheit wandeln. Der Herr sagt dazu: »Zieht euch zurück und ruht euch aus.«

Winter in Nikopolis. Es gibt dort wohl nicht viele Möglichkeiten, um an besonders gelegene Orte zu gehen, obgleich dies sich oft als hilfreich erweist, wenn man dazu Gelegenheit hat. In Gottes Schöpfung hinauszugehen, an der Küste entlang zu spazieren und über die unermeßliche Weite, die durch seine Hand geformt wurde, zu blikken, ist sehr wohltuend für uns. Es gibt unserem Geist neue Kraft und stärkt unseren Körper. Wenn man von neuem zum Herrn aufschaut, wird man vor allem aber die vollkommene Macht Christi klarer erkennen. Oft geschieht es zu solchen Zeiten der Stille, in denen Gott ein weiteres Geheimnis seines Planes offenbart. Dann eröffnet Gott häufig neue Einsicht für den nächsten Schritt auf dem Weg, den er uns dargelegt hat.

Winter – das ist die trübe, kahle, kalte und rauhe Jahreszeit. Man kann damit die Ereignisse des Lebens vergleichen, die oft schwer zu verstehen sind, Zeiten, die schwierig durchzustehen sind und die Seele trüben. Wenn es Ihnen so geht, dann haben sie Grund genug, um – bildlich gesprochen – nach Nikopolis zu gehen, der Stadt des Sieges. Wenn Sie sich von neuem unter den grenzenlosen Sieg des Herrn Jesus Christus stellen, so werden Sie auch von neuem die Früchte seines Sieges in Anspruch nehmen, und aus den anstrengendsten Erlebnissen durch den, der uns liebt, als unbezwingbarer Überwinder hervorgehen. Wenn die feurigen Pfeile des Bösen mit ihrem gefährlichen Gift drohen, dann nehmen Sie wie nie zuvor Zuflucht beim Herrn, unserer festen Burg, unserem Sieg!

»Was wollen wir nun hiezu sagen? Ist Gott für uns, wer mag wider uns sein? Welcher auch seines eigenen Sohnes nicht hat verschont, sondern hat ihn für uns alle dahingegeben, wie sollte er uns mit ihm nicht alles schenken? Wer will die Auserwählten Gottes beschuldigen? Gott ist hier, der da gerecht macht. Wer will verdammen? Christus ist hier, der gestorben ist, ja vielmehr, der auch auferwekket ist, welcher ist zur Rechten Gottes und vertritt uns. Wer will uns scheiden von der Liebe Gottes? Trübsal oder Angst oder Verfolgung oder Hunger oder Blöße oder Fährlichkeit oder Schwert? wie geschrieben steht:

›Um deinetwillen werden wir getötet den ganzen Tag; wir sind geachtet wie Schlachtschafe.‹

Aber in dem allem überwinden wir weit um deswillen, der uns geliebet hat. Denn ich bin gewiß, daß weder Tod noch Leben, weder Engel noch Fürstentümer noch Gewalten, weder Gegenwärtiges noch Zukünftiges, weder Hohes noch Tiefes noch keine andere Kreatur mag uns scheiden von der Liebe Gottes, die in Christo Jesu ist, unserm Herrn« (Röm. 8, 31–39).

In den Erfahrungen der Winterzeit des Lebens kann man vieles von der Kraft und gänzlichen Erfüllung durch Christus lernen.

Gehen Sie einmal etwas abseits und ruhen Sie sich im Herrn aus. Das ist ein bereicherndes, segensvolles und bestärkendes Erlebnis. Danach werden Sie energischer und bereitwilliger der Herausforderung des Rufes nach Mazedonien gegenübertreten.

Apostelgeschichte 27, 2. 5. 6 und 14–26

Da es aber beschlossen war, daß wir nach Italien schiffen sollten, übergaben sie Paulus und etliche andere Gefangene dem Unterhauptmann mit Namen Julius, von der »kaiserlichen« Schar . . .

Wir schifften durch das Meer bei Zilizien und Pamphylien und kamen gen Myra in Lyzien. Und daselbst fand der Unterhauptmann ein Schiff von Alexandrien, das schiffte nach Italien, und ließ uns darauf übersteigen . . .

Nicht lange aber darnach erhob sich wider ihr Vornehmen eine Windsbraut, die man nennt Nordost. Und da das Schiff ergriffen ward und konnte sich nicht wider den Wind richten, gaben wir's dahin und schwebten also. Wir kamen aber an eine Insel, die heißt Klauda; da konnten wir kaum den Kahn ergreifen. Den hoben wir auf und brauchten der Hilfe und unterbanden das Schiff; denn wir fürchteten, es möchte in die Syrte fallen, und ließen die Segel herunter und fuhren also. Und da wir großes Ungewitter erlitten, taten sie des nächsten Tages einen Auswurf. Und am dritten Tage warfen wir mit unsern Händen aus die Gerätschaft im Schiffe. Da aber in vielen Tagen weder Sonne noch Gestirn erschien und ein nicht kleines Ungewitter uns drängte, war alle Hoffnung unsers Lebens dahin.

Und da man lange nicht gegessen hatte, trat Paulus mitten unter sie und sprach: »Liebe Männer, man sollte mir gehorcht haben und nicht von Kreta aufgebrochen sein, und uns dieses Leides und Schadens überhoben haben. Und nun ermahne ich euch, daß ihr unverzagt seid; denn keines Leben aus uns wird umkommen, nur das Schiff. Denn diese Nacht ist bei mir gestanden der Engel Gottes, des ich bin und dem ich diene, und sprach: ›Fürchte dich nicht, Paulus! du mußt vor den Kaiser gestellt werden; und siehe, Gott hat dir geschenkt alle, die mit dir schiffen.‹ Darum, liebe Männer, seid unverzagt; denn ich glaube Gott, es wird also geschehen, wie mir gesagt ist. Wir müssen aber anfahren an eine Insel.«

Kapitel XIV

Sturm und Schiffbruch

Ruhe und Zuversicht

». . . ein Schiff aus Alexandrien, das schiffte nach Italien.«
Apostelgeschichte 27, 6

Es ist ergreifend, den Bericht über den Sturm und den Schiffbruch in Apostelgeschichte 27 zu lesen. Man braucht nicht viel Vorstellungskraft, um sich auszumalen wie der Kapitän, der Besitzer des Schiffes und der Offizier durch den günstigen Südwind getäuscht wurden, dem so plötzlich ein gewaltiger Sturm, der gefürchtete Nordost folgte, der dem Schiff so zusetzte, daß die Besatzung nichts mehr tun konnte, als sich einfach treiben zu lassen. Die Balken bogen sich und knarrten so, daß die Besatzung fürchtete, sie würden unter der Gewalt des Sturmes auseinanderbrechen. Schließlich kamen sie so weit, daß sie fürchteten, niemals wieder Land zu sehen – sie verloren jede Hoffnung auf Rettung.

In dem vorhergehenden Kapitel wurde gesagt, daß die Ausführungen über das Vorhaben von Paulus, während des Winters in Nikopolis zu bleiben, zeitlich nach dieser Reise und der Gefangenschaft in Rom einzuordnen sind. Jetzt aber sollen Verse aus dem elften Kapitel des zweiten Briefes an die Korinther betrachtet werden. Diesen Brief schrieb Paulus vor seinem Besuch in Jerusalem und seiner Gefangennahme daselbst in Cäserea, von wo aus er sein Gesuch an den Kaiser richtete. Ebenso ist dieser Brief vor der Reise nach Italien geschrieben, zu der auch der Schiffbruch gehört, der jetzt behandelt wird. In dem Brief an die Korinther bemerkt man, daß sich Paulus wegen ihrer Haltung und wegen ihrer Fragen dazu gezwungen sah, von seinem Apostelamt und all dem, was er um Christi willen erlitten hatte, zu schreiben. Dabei zählt er kurz seine vielen ereignisreichen Erlebnisse auf.

»Ich habe mehr gearbeitet, ich habe mehr Schläge erlitten, ich bin öfter gefangen, oft in Todesnöten gewesen, von den Juden habe ich fünfmal empfangen vierzig Streiche weniger eins; ich bin dreimal gestäupt, einmal gesteinigt; dreimal habe ich Schiffbruch gelitten, einen Tag und eine Nacht habe ich in der Tiefe zugebracht; ich bin oft gereist, ich bin in Gefahr gewesen durch die Flüsse, in Gefahr durch die Mörder, in Gefahr unter den Juden, in Gefahr unter den Heiden, in Gefahr in den Städten, in Gefahr in der Wüste, in Gefahr auf dem Meer, in Gefahr unter den falschen Brüdern; in Mühe und Arbeit, in viel Wachen, in Hunger und Durst, in viel Fasten, in Frost und Blöße; ohne was sich sonst zuträgt, nämlich daß ich täglich werde angelaufen und trage Sorge für alle Gemeinden.«

Es ist eine beeindruckende Zusammenfassung der Situationen in denen der Apostel gelitten und sein Leben um Jesu willen aufs Spiel gesetzt hat. In Vers 25 heißt es:

»Dreimal habe ich Schiffbruch gelitten, einen Tag und eine Nacht habe ich in der Tiefe zugebracht.«

Das wurde vor dem Schiffbruch in Apostelgeschichte 27 geschrieben und besagt somit, daß der Apostel mindestens viermal Schiffbruch erlitt. Dazu kam noch, daß er einmal einen Tag und eine Nacht auf dem Meer trieb, wobei er sich wahrscheinlich an einen schwimmenden Balken oder an einen anderen Überrest des Schiffes klammerte. Hat jemals ein Diener des Herrn solche Leiden und Anfechtungen durchgemacht, wie dieser Apostel? Die Worte des Herrn an Ananias, zu dem er über Paulus sprach, haben sich wirklich erfüllt:

»Ich will ihm zeigen, wieviel er leiden muß um meines Namens willen« (Apg. 9, 16).

Als Paulus aufbrach, kannte er die möglichen Gefahren, die diese Reise mit sich bringen könnte, aber er machte sich ohne Zögern daran.

Als er mit dem Schiff nach Italien unterwegs war, reiste er als Gefangener des Herrn Jesus Christus. Er war sich darüber klar, daß der Herr mit ihm war bei allem, was auf ihn zukommen mochte, und daß seine Wege von Gott bestimmt waren. Als der Sturm immer weiter auf das kleine Schiff einpeitschte und alle an Bord schon längst jede Hoffnung auf Rettung aufgegeben hatten, trat Paulus, der Mann Gottes, mit einer Botschaft vom Herrn an sie heran. Sein Zeugnis bekräftigte die Treue Gottes und war in überaus ungewöhnlichen Umständen zustandegekommen. Paulus erzählte, wie der Herr in diesen sturmdurchrüttelten Tagen zu ihm gesprochen hatte und ihm versicherte, daß er in Rom aussagen sollte, wodurch die frühere Zusage, die Gott ihm gewährt hatte, bestätigt wurde. Mehr als zwei Jahre lag die Nacht in der Festung von Jerusalem zurück. Zwei Tage zuvor war der Aufruhr im Tempel gewesen. Die Massen hatten sich über ihn hergemacht und hörten erst auf, ihn zu schlagen, als der römische Offizier mit seinen Soldaten ankam. Die Menge war so gewalttätig, daß Paulus von den Soldaten getragen werden mußte. Er bekam aber die Erlaubnis, von der Freitreppe zu den Leuten zu sprechen, was er mit viel Liebe und sehr verständnisvoll tat. Dann wollte man ihm nochmals das Leben nehmen. Am folgenden Tag war er vor den führenden Priestern und dem ganzen jüdischen Rat erschienen; und diese sonst so ehrbare und würdevolle Versammlung war in Getöse ausgebrochen. Sie waren über Paulus in Aufruhr geraten und wollten ihn in Stücke reißen. Wieder wurde er durch die Soldaten gerettet, die ihm gewaltsam zu Hilfe kamen. Er war bedrückt und zerschlagen, aber in der folgenden Nacht erschien ihm der Herr. Paulus hatte, wie alle echten Gläubigen, einen wunderbaren Retter, einen wunderbaren Herrn, der dem, was sein Diener auf der Welt erleiden mußte, nicht gleichgültig gegenüberstand.

»Des andern Tages aber in der Nacht stand der Herr bei ihm und sprach: Sei getrost Paulus! denn wie du von mir zu Jerusalem gezeuget hast, also mußt du auch zu Rom zeugen« (Apg. 23, 11).

»Du mußt auch zu Rom von mir zeugen« – mochte das Schiff, auf dem er war, auch sinken; er sollte in Rom für Gott eintreten! Gott konnte sein Wort nicht brechen! Gott würde ihn nie im Stich lassen! Zweifellos war dies Paulus klar. Trotzdem sandte Gott inmitten des Sturms seinen Boten, um ihm dies nochmals zu versichern.

»Denn diese Nacht ist bei mir gestanden der Engel Gottes, des ich bin und dem ich diene, und sprach: ›Fürchte dich nicht, Paulus! du mußt vor den Kaiser gestellt werden; und siehe, Gott hat dir geschenkt alle, die mit dir schiffen‹« (Apg. 27, 23–24).

»Du mußt vor den Kaiser gestellt werden« – und er bekam nochmals die Gewißheit, daß das Versprechen Gottes gehalten werden mußte. Aber alles schien dagegen zu sprechen, daß es erfüllt werden sollte. Der Sturm wütete. Das Schiff war dabei, auseinanderzubrechen, und drohte zu sinken. In dieser Lage trat Paulus mit den Worten auf:

»Darum, liebe Männer, seid unverzagt; denn ich glaube Gott, es wird also geschehen, wie mir gesagt ist« (Apg. 27, 25).

Das ist die mutige und unerschütterliche Haltung des Mannes Gottes. Hätte er sich nach den momentanen Umständen gerichtet, wären seine Worte wohl gewesen: »Ich werde nie nach Rom kommen.« Hätte er auf die Wellen geachtet, dann wäre sein Mut gebrochen worden. Es war ganz klar, daß das Schiff schon so gut wie ein Wrack war. Es gab kein Anzeichen, daß sich der Sturm legen würde, aber Paulus schaute weg von diesen Tatsachen und vertraute auf die Treue und Kraft des Herrn, dem er sich schon seit langem übergeben hatte. Dazu bekennt er sich auch und ruft andere auf, guten Mutes zu sein, indem er sagt: »Denn ich glaube Gott, es wird also geschehen, wie mir gesagt ist.« Dies ist ein Bekenntnis zur Treue Gottes. Es ist ein Bekenntnis zur Kraft Gottes.

Wie würde unser Glaube in einem solchen Test standhalten?

Es ist verhältnismäßig leicht, darüber zu sprechen, wie gut Gott ist, wie er uns liebt und wie man sich auf ihn verlassen kann, wenn alles in Ordnung ist. Es ist leicht, ihm dankbar Lieder zu singen, wenn es im Übermaß sichtbare Beweise echter Segnungen gibt. Aber wie ist unsere Hoffnung im Angesicht des Sturms, wenn die Zeiten dunkel sind, wenn der Wind heult, wenn alles unterzugehen droht? Was dann?

Wenn Gott so ist, wie wir es von ihm behaupten, wenn sein Versprechen wahr ist, dann kann kommen, was mag, dann wird er jede Lage meistern, wie es im Vers 28 des 8. Kapitels vom Römerbrief zugesagt ist: »Wir wissen aber, daß denen, die Gott lieben, alle Dinge zum Besten dienen, denen, die nach dem Vorsatz berufen sind.«

Ich glaube, daß das Bekenntnis des Paulus in dieser Lage und unter solchen Umständen eines der wirkungsvollsten gewesen sein muß, das er jemals vor Menschen gab. Deshalb bin ich mir auch gewiß, daß keiner der Anwesenden dies vergessen konnte, solange er lebte. Vielleicht waren auch solche dabei, die daraufhin ebenfalls Gott glaubten und so selbst den Beweis erhielten, daß Gott nicht lügt und daß er die Kraft hat, alles auszuführen, was er versprochen hat.

Es gibt aber auch solche, die darüber klagen, daß Gott sie in eine schwierige Lage gebracht hat, in der es nicht leicht ist, sich zu Gott zu bekennen und für Christus zu leben. Zu diesen sagt Paulus: »Habe Mut! Glaube Gott!« Er hält, was er verspricht, denn er ist Gott. Gott hält sich an sein Wort. Er will Ihnen überall helfen!

Wenn man Christus gehorcht und dem Ruf nach Mazedonien folgt, wenn man sich somit Christus zur Verfügung stellt und nach seinem Gebot lebt, dann wird man unausweichlich – früher oder später – durch stürmische Gewässer geführt. Der Feind wird dann nicht unbemerkt bleiben; aber inmitten des Sturmes ist der Erlöser ständig gegenwärtig, der die Macht besitzt, zu retten und zu bewahren. Er ist immer mit Ihnen, und er kann Sie nicht verlassen, denn er ist Gott! Haben Sie deshalb guten Mut, und treten Sie für den Herrn ein, ganz egal wie die augenblickliche Lage sein mag! Die Lage ändert sich, aber der Herr bleibt derselbe – gestern, heute und alle Zeit! Halleluja!

Apostelgeschichte 27, 44 und 28, 1–10

... Und also geschah es, daß sie alle gerettet zu Lande kamen.

Und da wir gerettet waren, erfuhren wir, daß die Insel Melite hieß. Die Leutlein aber erzeigten uns nicht geringe Freundschaft, zündeten ein Feuer an und nahmen uns alle auf um des Regens, der über uns gekommen war, und um der Kälte willen. Da aber Paulus einen Haufen Reiser zusammenraffte und legte sie aufs Feuer, kam eine Otter von der Hitze hervor und fuhr Paulus an seine Hand. Da aber die Leutlein sahen das Tier an seiner Hand hangen, sprachen sie untereinander: Dieser Mensch muß ein Mörder sein, welchen die Rache nicht leben läßt, ob er gleich dem Meer entgangen ist. Er aber schlenkerte das Tier ins Feuer, und ihm widerfuhr nichts Übles. Sie aber warteten, wenn er schwellen würde oder tot niederfallen. Da sie aber lange warteten und sahen, daß ihm nichts Ungeheures widerfuhr, wurden sie anderes Sinnes und sprachen, er wäre ein Gott.

An diesen Örtern aber hatte der Oberste der Insel, mit Namen Publius, ein Vorwerk; der nahm uns auf und herbergte uns drei Tage freundlich. Es geschah aber, daß der Vater des Publius am Fieber und an der Ruhr lag. Zu dem ging Paulus hinein und betete, und legte die Hand auf ihn und machte ihn gesund. Da das geschah, kamen auch die andern auf der Insel herzu, die Krankheiten hatten, und ließen sich gesund machen. Und sie taten uns große Ehre, und da wir auszogen, luden sie auf, was uns not war.«

Kapitel XV

Malta

Nicht nur etwas Freundlichkeit

»Und da wir gerettet waren, erfuhren wir, daß die Insel Melite hieß«
Apostelgeschichte 28, 1

Das Schiff war ein Wrack, aber alle konnten sich sicher ans Land retten. Es hatte sich dem Land genähert, so weit es konnte, bis es sich auf einer Sandbank festfuhr.

Wer schwimmen konnte, gelangte aus eigener Kraft an die Küste, die anderen klammerten sich fieberhaft an herumschwimmende Schiffsteile und wurden von den Wellen hingetrieben. Bis sie dort an Land gekommen waren, wußten sie nicht, wo sie sich befanden. Aber nachdem sie den tobenden Gewässern entkommen waren, erfuhren sie, daß die Insel Malta hieß.

In der Antike gab es zwei Inseln, die diesen Namen hatten. Eine vor der dalmatischen Küste im Adriatischen Meer; die andere ist die bekanntere Insel, die man jetzt noch Malta nennt. Es scheint nur wenig zweifelhaft zu sein, daß es das zuletzt genannte Malta war, wo Paulus Schiffbruch erlitt. An der Nordostküste der Insel gibt es eine Bucht, die »St. Paulus-Bucht« heißt. Man erzählt sich, daß dort der Schiffbruch und die Landung geschehen sein sollen. Niemand kann ganz gewiß sein, daß es gerade dort war, aber sicherlich war es irgendwo entlang dieser Küste, wo das Schiff, das vom Sturm so herumgetrieben wurde, zu stehen kam und schließlich auseinanderbrach, als die Wellen von hinten auf es einschlugen. Paulus, seine Begleiter, die Mannschaft und die Soldaten waren alle bestärkt worden durch die Worte und das Bekenntnis von Paulus. Außerdem waren sie dadurch ermutigt worden, etwas zu essen; so waren sie zu einem gewissen Grad für diesen letzten Einsatz gerüstet, ehe sie schließlich alle sicher an Land waren. Es ist bemerkenswert, daß *alle* sicher ankamen. Gott hatte sein Versprechen gehalten, und das Bekenntnis des Paulus auf dem sinkenden Schiff war von Gott, der absolut zuverlässig ist, bestätigt worden.

Der Sturm war vergangen, aber seine Auswirkungen waren sicherlich zu spüren. Offensichtlich schlug noch der Regen herab. Außerdem war es kalt. Zweifellos waren sie körperlich erschöpft. Es war Not an Nahrung, Wärme und Unterkunft. Aber auch hier hatte Gott seinen ganz besonderen Weg, um die Lebensbedürfnisse seines Dieners Paulus zu befriedigen.

Die Bewohner von Malta, die man, wenn auch mit Vorsicht, doch als rauhe Inselbewohner bezeichnen kann, zeigten immerhin, daß sie menschliche Freundlichkeit besaßen. Es muß den durchnäßten und vor Kälte zitternden Überlebenden des Schiffbruchs viel bedeutet haben, daß sie auf Leute gestoßen waren, die ihnen mit ungewöhnlicher Freundlichkeit begegneten, ihnen ein Feuer anzündeten und dann bemüht waren, sie mit allem Lebenswichtigen zu versorgen.

Da aber ereignete sich ein aufsehenerregender Zwischenfall, der uns außerdem etwas mehr Aufschluß über das Wesen von Paulus gibt. Während er damit beschäftigt war, Holz für das Feuer zu sammeln, biß sich eine durch die Hitze geweckte Schlange unversehens an seiner Hand fest. Die Inselbewohner glaubten sofort, Paulus habe sich ein gewaltiges Verbrechen zu Schulden kommen lassen, wie beispielsweise einen Mord, und daß, obgleich er dem Zugriff des Meeres entkommen war, ihn jetzt göttliche Vorsehung bestrafe, um Recht zu schaffen. Paulus, der Mann Gottes, mit dem Gottes Wille geschieht, ist unsterblich, bis sein Werk getan ist! Mag der Wind auch heulen, mögen die Wellen peitschen – Gott beschützt seinen Diener. So auch jetzt, als die giftige Schlange sich an ihm festbeißt, wacht Gott wieder über ihm und scheint zu sagen: »Nichts soll dich verletzen.« Die Unverletzlichkeit des Paulus durch das tödliche Gift veranlaßt die Inselbewohner zu der Schlußfolgerung, daß er mehr als ein Mensch sein muß. Deshalb erzählten sie zweifellos die Nachricht von dem Vorfall überall weiter, so daß Publius, der Statthalter der Insel, Paulus herzlich bei sich empfing. Vielleicht ahnte Publius, daß es einem solchen möglich sein müßte, seinen Vater zu heilen, daß er wieder ganz gesund würde.

Während wir darüber nachdenken und uns über diesen weiteren Beweis des Wirkens Gottes für seinen treuen Diener freuen, wollen wir im Moment unsere Aufmerksamkeit auf die ungewöhnliche

Freundlichkeit richten, die von den Maltesern gezeigt wurde, damit die dringendsten Bedürfnisse von Paulus und anderen gedeckt werden konnten.

Im vorausgehenden Kapitel wurde der Sturm als typisches Beispiel für einige schlimmere Lebenserfahrungen behandelt. So gibt es Situationen, in denen es scheint, als habe der Feind die Kontrolle über alles. Seine Macht scheint dann fast unbezwingbar zu sein. Die Stürme der Anfechtung toben, und die unablässigen Wellen des Widerstandes, der Kritik, der Verfolgung und der Niedergeschlagenheit scheinen sich alle zu verschwören, um das zerbrechliche Schiff, in dem wir sind, auf den Felsen der Zweifel zu zerschmettern. Wir haben jedoch schon gesehen, daß selbst dann, wenn für die momentane Lage sich die Sonne vom Himmel zurückgezogen zu haben scheint und alles dunkel ist, es immer noch möglich ist, wie der Apostel hervorzutreten und zu sagen: »Denn ich glaube Gott, es wird also geschehen, wie mir gesagt ist.« Dadurch wird man im eigenen Herzen gerüstet und im eigenen Glauben gestärkt; für andere aber gibt man dadurch Ermutigung und Glaube. Und welch ein Segen ist es, nach solchen Erlebnissen auf so unerwartete Weise solche Freundlichkeit zugewendet zu bekommen. In diesem Fall kommt sie von denen, von welchen sie in gewisser Weise am wenigsten zu erwarten war. Sie waren keine zivilisierten Griechen. Sie waren nicht die mächtigen Römer. Sie waren rauhe Inselbewohner; aber es war ihr Vorrecht, dem Diener Gottes in seiner Not zu helfen. Paulus muß sich überaus gefreut haben, als er sah, wie sie eilig ein Feuer machten; und ohne Zweifel brachten sie ihnen später Lebensmittel. Ich bin sicher, daß er den Herrn von neuem lobte für sein umsichtiges Wirken, das das Leben aller, die an Bord waren, bewahrte, und daß er Gott dankte für die Inselbewohner, die sich um ihre Not kümmerten. In gewissem Sinn ist dies einem Ereignis aus dem Alten Testament mit Abraham sehr ähnlich, als er von der Auseinandersetzung mit den vier Königen zurückkehrte. Abraham war zweifellos besorgt um die Wunden, die seinen Begleitern – und vielleicht sogar ihm selbst – zugefügt worden waren, und gerade in diesem Augenblick stieß er auf Melchisedek, der ihn mit Brot und Wein bediente. Dieses kam von einem Priester und Prinzen des Allerhöchsten, aber im Falle von Paulus kam die Hilfe von denen, die den lebendigen Gott nicht kannten.

Der Herr hat versprochen, daß alle, die ein wenig Freundlichkeit zeigen und auf unerwartete Weise seinen Jüngern dienen, ihren Lohn nicht verlieren würden.

»Wer aber euch tränkt mit einem Becher Wassers in meinem Namen, darum daß ihr Christo angehöret, wahrlich, ich sage euch, es wird ihm nicht unvergolten bleiben« (Mark. 9, 41).

Ganz ähnlich findet sich eine gleiche Zusage im Matthäusevangelium:

»Wer euch aufnimmt, der nimmt mich auf; und wer mich aufnimmt, der nimmt den auf, der mich gesandt hat. Wer einen Propheten aufnimmt in eines Propheten Namen, der wird eines Propheten Lohn empfangen. Wer einen Gerechten aufnimmt in eines Gerechten Namen, der wird eines Gerechten Lohn empfangen. Und wer dieser Geringsten einen nur mit einem Becher kalten Wassers tränkt in eines Jüngers Namen, wahrlich, ich sage euch, es wird ihm nicht unbelohnt bleiben« (Matth. 10, 40–42).

Die Inselbewohner von Malta erhielten ihren Lohn. Das Auftreten von Paulus muß bewirkt haben, daß viele Christus kennenlernten. Echter, spürbarer Segen kam über nicht wenige, und obgleich nicht ausdrücklich von Glaube die Rede ist, so wissen wir doch, daß Paulus diese Gelegenheit – wie jede andere – ergriffen hatte, um Jesus und die Kraft seiner Auferstehung bekanntzumachen.

Gott steht unseren Nöten nicht gleichgültig gegenüber, und wenn die Bedrückung durch den Seelenfeind heftig ist, dann dürfen Sie sicher sein, daß Gott schon längst freudige Überraschungen für Sie bereithält. Sie sind um so erfreulicher, weil sie oft aus unerwarteter Richtung und von jenen kommen, von denen man sie am wenigsten erwartet hätte. Somit werden Sie gesegnet und ermutigt werden, Ihren Weg gestärkt und erfrischt weiterzugehen. Außerdem wird Ihre Freude dadurch vermehrt werden, daß Sie sehen, wie Gott auf diese Weise Türen geöffnet hat zu Segnungen für andere. Es ist nicht eine kleine Freundlichkeit, sondern vielmehr eine gewaltige Wechselwirkung. Ihre Not kann auf diese Weise gelindert werden, Sie aber können von Gott benützt werden, um Segen zu bringen, um sogar den Weg zu neuem Leben für andere zu öffnen.

Apostelgeschichte 28, 11–15

Nach drei Monaten aber fuhren wir aus in einem Schiffe von Alexandrien, welches bei der Insel überwintert hatte und hatte ein Panier der Zwillinge. Und da wir gen Syrakus kamen, blieben wir drei Tage da. Und da wir umschifften, kamen wir gen Rhegion; und nach einem Tage, da der Südwind sich erhob, kamen wir des andern Tages gen Puteoli. Da fanden wir Brüder und wurden von ihnen gebeten, daß wir sieben Tage dablieben.

Und also kamen wir gen Rom. Und von dannen, da die Brüder von uns hörten, gingen sie aus, uns entgegen, bis gen Appifor und Tretabern. Da die Paulus sah, dankte er Gott und gewann eine Zuversicht.

Kapitel XVI

Puteoli und die Appische Straße

Beistand zur Zeit der Not

»Nach einem Tage, da der Südwind sich erhob, kamen wir des andern Tages gen Puteoli. Da fanden wir Brüder und wurden von ihnen gebeten, daß wir sieben Tage dablieben. Und also kamen wir gen Rom.« Apostelgeschichte 28, 13–14

Drei Monate waren sie in Malta; eine Zeit, die Paulus zweckmäßig zur Verkündigung des Evangeliums nützte. Als es Zeit zur Weiterreise wurde, rüsteten die Malteser Paulus und seine Begleiter mit allem aus, was sie für den Rest der Reise nötig hatten. Ohne Zweifel waren viele traurig, als sie sich von dem Mann verabschiedeten, der viele geheilt hatte und der ihnen den Weg des neuen Lebens in Christus gezeigt hatte. Ein Schiff aus Alexandria hatte bei der Insel überwintert; der Bug dieses Schiffes war mit kunstvoll verzierten Figuren ausgeschmückt, die die Söhne des Jupiter, Kastor und Pollux, darstellten. Jupiter war übrigens der Name, den die Römer dem gegeben haben, den sie für den obersten Gott hielten. In gleicher Weise war Zeus der Name, den die Griechen dem gaben, den sie für den höchsten unter den Göttern hielten. Daher beziehen sich Jupiter und Zeus auf ein und denselben heidnischen Gott. Die beiden Söhne, Kastor und Pollux, werden manchmal auch als »die göttlichen Zwillinge« oder »die unzertrennlichen Brüder« bezeichnet. Von Kastor sagte man, er habe sich als meisterhafter und kühner Wagenlenker sowie als Zähmer wilder Pferde ausgezeichnet. Pollux war als hervorragend schlagkräftiger Boxer bekannt. Zusammen wurden sie als herausragende Vorbilder für kühnen Mut und außergewöhnliche Begabung in der Bewältigung gefährlicher Situationen erwähnt. Deshalb war es auch nicht ungewöhnlich für die Jugend der antiken Welt, sich Kastor und Pollux als besondere Götter auszusuchen. Außerdem hielt man sie für die göttlich bestimmten Beschützer der Seefahrer. Man glaubte, daß ein Schiff, das solch ein Zeichen hatte, besonders unter ihrer schützenden Zuwendung und Gunst stand. In einem solchen Schiff stachen Paulus und seine Begleiter von Malta aus in See; über Syrakus auf Sizilien, wo sie drei Tage im Hafen blieben, segelten sie nach Regium. Regium liegt an der Zehe von Italien, am äußersten südwestlichen Ende, fast gegenüber Messina an der Straße von Messina. Der heutige Name ist Reggio. Nach einem Aufenthalt von nur einem Tag kam ein günstiger Südwind auf, und die Reise wurde nach Puteoli fortgesetzt, wo sie nach einer vollen Tagesfahrt ankamen. Auf der langen, schwierigen, gefährlichen und ereignisreichen Reise nach Rom war die letzte Etappe erreicht.

Was mögen es wohl für Gefühle gewesen sein, die in dem Apostel anklangen, als er seinen Fuß auf den Boden Italiens setzte? Welche Gedanken mögen ihn bei diesem Ereignis durchzogen haben? Niemand kann es sagen. Vielleicht war da etwas von Dankbarkeit in ihm, weil er die letzte Station auf seiner Reise nach Rom erreicht hatte, zu der Stadt, die zu besuchen er schon lange beabsichtigt hatte. An die Gläubigen in dieser Stadt hatte er seinen Brief geschrieben, den sogenannten Römerbrief, worin er sich auf ihre Gebete beruft, die dazu beitragen sollen, daß seine Reise zu ihnen erfolgreich sein sollte nach dem Willen Gottes. Diesen Glaubensgenossen erklärte er, daß er sich nicht schämte, das Evangelium auch in Rom zu verkünden, dem kaiserlichen Rom, dem Zentrum und Drehpunkt des Reichs. Und bald schon sollte er dort sein, in Rom selbst. Als er seinen Fuß auf italienischen Boden setzte, in Fesseln, als Gefangener des Kaisers, dachte er vielleicht darüber nach und fragte sich, ob dies auch die letzte Station auf seiner Pilgerfahrt in dieser Welt überhaupt sein sollte. Wer weiß?

Früher wurde Puteoli häufig als Hafen nach Rom benützt, besonders von Reisenden, die aus dem Süden kamen, z. B. aus Nordafrika, Ägypten oder dem Osten. Es war außerdem ein römischer Erholungsort. Der Name »Puteoli« bedeutet »kleine Brunnen«, was schon auf Erfrischung und Stärkung hinweist. Es ist in einem vulkanischen Gebiet gelegen, wovon die schwarzen Berge zeugen, die steil an der Küste emporragen. Die heutige Stadt Pozzuoli steht jetzt wahrscheinlich zu einem großen Teil auf derselben Stelle am nördlichen Strand des schönen Golfs von Neapel, wo Paulus vor 1900 Jahren landete. Wenn man zum Meer hinabspaziert und unter eine der Brücken geht, die sich über die Straße zum Hafen hinab spannen, so findet man, ins Mauerwerk eingelassen, eine große Steintafel, auf der eingeschrieben steht, daß es diese Stadt war, zu der Paulus der Apostel im ersten Jahrhundert kam. Die Inschrift ist bemerkenswert, denn sie berichtet, wie Paulus von Tarsus kam und den Herrn des Lebens verkündete – und das in einem Land, wo gerade dieses Wort des Lebens heute am dringendsten nötig wäre.

Pozzuoli ist ein natürlicher Hafen. Überblickt man die Stadt von dem hoch gelegenen Hinterland her, so bekommt man ein faszinierendes Bild geboten. Eine große Anzahl kleiner Schiffe sind über den kleinen Golf verstreut und liegen zufrieden auf dem ruhigen Wasser. Die Stadt ist an einer der geschütztesten Stellen des Golfs von Neapel gelegen. Römische Ruinen gibt es dort bis auf den heutigen Tag, und wenn man zum Hafen hinabgeht und den alten Anlegeplatz und das Bollwerk gegen das Meer betrachtet, dann könnte es sein, daß man angesprochen wird und gesagt bekommt, daß dies der Ort ist, wo ein Schiff anlegte, das die Figuren von Kastor und Pollux trug und daß es hier war, wo Paulus an Land ging. Es könnte so gewesen sein. Auf jeden Fall war es irgendwo in der Umgebung dieses kleinen Hafens, daß Paulus nicht nur an Land ging, sondern auch die Gelegenheit hatte, bestimmte Erkundigungen zu machen. Man kann sich vorstellen, wie er sich freute, als er erfuhr, daß in diesem kleinen Hafen Menschen lebten, die den Herrn kannten und liebten. Wer hat das Evangelium wohl in diese Stadt gebracht? Wie war es nur möglich, daß es hier Gläubige gab? Diese Frage kann man zwar stellen, aber keine sichere Antwort darauf geben. Es soll genügen, festzustellen, daß dort jemand gewesen sein muß, der seine Aufgabe, Christus bekanntzumachen, treu erfüllte, und daß andere den Erlöser angenommen hatten und sich jetzt auch in Puteoli zu dem auferstandenen Christus bekannten. Dort scheint auch eine kurze Unterbrechung der Reise gemacht worden zu sein, denn in Apostelgeschichte 28 steht, daß die dortigen Christen Paulus und seine Begleiter für eine Woche einluden. Paulus muß durch diese gemeinsame Zeit mit ihnen sehr gestärkt worden sein. Seine Anwesenheit und sein Dienst müssen Ermutigung und geistliche Bereicherung für die dort heimischen Gläubigen gewesen sein. Aber dann kam die Zeit, wo man sich wieder verabschieden mußte. Die letzte Etappe auf der Reise nach Rom muß zu Ende geführt werden –

Puteoli war seinem Namen gerecht geworden. Eine kleine Stadt, eine kurze Pause unterwegs, die aber doch geistliche Gemeinschaft und Erfrischung ermöglichte. Gott sei gedankt für die »kleinen Brunnen« entlang des Lebensweges. So oft bringen sie große Freude hervor und bewirken neue Stärke, in der man den Willen des Herrn tun kann.

Die Entfernung von Puteoli nach Rom beträgt ungefähr 150 Kilometer. Das ist keine lange Reise, wenn man mit dem Auto oder einem modernen Transportmittel fährt, aber es ist eine beträchtliche Strecke, wenn sie zu Fuß zurückgelegt werden muß. In den Tagen von Paulus war es eine sehr belebte Verkehrslinie. Es herrschte unablässige Bewegung zwischen Puteoli und Rom; auch verband sich diese Straße an einem späteren Punkt mit der berühmten Appischen Straße. Die Gruppe setzte sich zusammen aus Paulus und anderen Gefangenen, seinen Begleitern, Lukas und Aristarchus, dem römischen Hauptmann, den Soldaten und vielleicht auch noch ein oder zwei anderen Reisenden. Es war also Gelegenheit zu Gespräch und Bekenntnis gegeben. Wie viele Tage werden sie wohl auf der Straße verbracht haben? Wie mag die Unterkunft ausgesehen haben, die ihnen nachts zur Verfügung stand? Reisen im ersten Jahrhundert waren nicht so angenehm, wie sie im 20. Jahrhundert sein können.

Jeder Schritt, den sie machten, bedeutete, daß sie einen Schritt näher nach Rom kamen. Nur mit großer körperlicher Anstrengung konnten die vielen Kilometer zurückgelegt werden, bis sie auf die Appische Straße kamen und auf ihr weitergingen, so daß immer weniger Weg zwischen ihnen und Rom lag, bis sie schließlich auf dem Marktplatz ankamen, der in Apostelgeschichte 28, 15 Appifor genannt ist. Dies wäre zweifellos ein günstiger Ort für eine Übernachtung gewesen, aber die Nachricht war von Puteoli heraufgekommen, daß Paulus, der geliebte Apostel, sich auf dem Weg nach Rom befand. Sie konnten kaum viel früher gewußt haben, daß Paulus kam. Sie hatten sicherlich vorher keine Information darüber, bis die Nachricht aus Puteoli eintraf, daß Paulus als Gefangener kam, um vor dem Kaiser zu erscheinen. Auch die jüdische Gemeinde in Rom scheint vorher nicht darüber informiert gewesen zu sein. Aber sobald die Christen erfahren haben, daß Paulus zu ihnen auf dem Weg war, eilten einige von ihnen aus Rom hinaus, um ihm unterwegs zu begegnen. Sie kamen bis zum Appifor. Offensichtlich konnten andere nicht so weit kommen oder hatten nicht die Zeit dazu; sie begrüßten dann aber Paulus vielleicht 15 Kilometer näher bei Rom an einem Ruheplatz, der Tretabern genannt wurde. Geschichtsforscher sagen, daß dies der Treffpunkt für Kaufleute und Reisende, aber auch für Landstreicher war! Aber in diesen ereignisreichen Tagen im Leben des Paulus wurde dies auch der Treffpunkt jener, die bereits Bürger des Himmels waren, obgleich sie noch in dieser Welt als Fremde wanderten.

Paulus hat vielleicht eine bestimmte böse Vorahnung verspürt. Das wäre ganz natürlich gewesen, wie auch die körperlichen Anstrengungen der Reise, die Paulus einen Teil seiner Kraft raubten. Wenn er seine solche Vorahnung hatte, war sie vielleicht mehr ein ungutes Gefühl darüber, wie die Christen in Rom wohl solch einen empfangen würden, der in Fesseln zum Kaiser kam. Empfingen sie ihn als den Diener Gottes, den Boten des Herrn Jesus? Erkannten sie ihn an als den Apostel, der ihnen den Brief geschrieben hatte, der in späteren Jahren als »das gewichtigste Schreiben aller Zeit« bekannt wurde, worin er die Not des Menschen und Gottes heilende Kraft darlegte, durch die diese Not beseitigt werden kann, und der Mensch die Möglichkeit zu einem erfüllten und siegreichen christlichen Leben erhält? In diesem Brief greift Paulus jede Lage auf, in die ein Mensch kommen und die ihn niederreißen könnte; dazu schrieb er aber: »Aber in dem allem überwinden wir weit um deswillen, der uns geliebet hat.« An die gleichen Christen schrieb er auch:

»Wir wissen aber, daß denen, die Gott lieben, alle Dinge zum Besten dienen, denen, die nach dem Vorsatz berufen sind« (Röm. 8, 28).

Er sagte:

»Ist Gott für uns, wer mag wider uns sein?« (Röm. 8, 31).

Jetzt lag der Schreiber dieser Worte in Fesseln. Er war unter Kaufleuten, Reisenden, Landstreichern und Taschendieben aller Schattierungen; aber es war leicht, aus der bunten Menge jene herauszufinden, in deren Augen das Licht des neuen Lebens in Christus schien. Bald eilten sie auf ihn zu, um den Apostel zu umarmen und ihn als geliebten Bruder zu empfangen.

»Da die Paulus sah, dankte er Gott und gewann eine Zuversicht« (Apg. 28, 15b).

Er dankte Gott! Er faßte Mut! Der Anblick und die Gegenwart dieser Gläubigen, die ihn so herzlich und aufrichtig begrüßten, veranlaßten den Diener des Herrn, der schon so viel unter den Händen jener gelitten hatte, die sich selbst als das Volk Gottes bezeichnen, zu Lob und Dank. Er war nicht nur von Herzen erfreut, sondern auch Befürchtungen, wenn es solche gegeben haben sollte, wurden zerstreut, so daß er wieder neuen Mut fassen konnte. Ihre Anwesenheit und ihre Liebe halfen ihm für den Marsch auf den letzten Kilometern mit erneuter Hoffnung und leichtem Schritt.

Der Mann, der von Gott dazu verwendet worden war, um zu vielen Dienern des Herrn Ermutigung in Zeiten der Not zu bringen, wurde jetzt von Glaubensgenossen selbst bestärkt. Haben Sie Zeit, um das letzte Kapitel des Römerbriefes zu lesen? In diesem Kapitel, dem sechzehnten, sendet Paulus Grüße an viele namentlich Genannte. Ob wohl Aquila und Priska, Epänetus, Andronikus und Junias oder jemand von den anderen, die Paulus nannte, dort auf der Appischen Straße waren, um den Apostel zu grüßen? Es spielt aber keine Rolle, wer dort war. Es ist unbekannt, welche ihn trafen, vielleicht absichtlich, denn es ist gewiß einer der kostbarsten Dienste unbekannter Gläubiger, den Dienern des Herrn in ihrer Zeit besonderer Not Hilfe und Stärkung zu bringen. Für die Gläubigen in Rom wäre es so leicht gewesen, kritisch gegen Paulus zu sein, besonders weil er in Ketten kam. Heute gibt es viele, die es leichter finden, die Diener des Herrn zu kritisieren, als sie zu ermutigen. Die Diener des Herrn sind dazu berufen, des Tages Hitze und Last in christlichen Kreisen zu tragen, und sind ihren besonderen Verführungen ausgesetzt, die infolge ihrer Führungsaufgabe im christlichen Dienst auftreten. Behindern oder unterstützen Sie jene, die in der vordersten Front der Schlacht des Herrn dazu berufen sind, den vielfältigen Vorstößen des Feindes ausgesetzt zu sein? Sie erleben Angriffe, von denen andere viel zu wenig wissen. Es ist viel mehr wert, es ist viel besser und verständnisvoller, es ist viel christlicher, so zu sein, wie die Gläubigen aus Rom, die freudig 60 Kilometer gingen, um den Apostel zu begrüßen und um ihn dadurch in einer schweren Stunde zu ermutigen.

Gehorsam gegenüber dem Ruf nach Mazedonien stellt viele Forderungen an den Diener des Herrn. Aber achten Sie darauf, daß diese Anforderungen nicht dadurch unnötig streng werden, daß Sie es an

Besorgtheit fehlen lassen, wenn Sie die Möglichkeit haben, anderen, die dem Ruf gefolgt sind, in ihrer Not zu helfen. Versuchen Sie so zu handeln, daß Sie andere veranlassen, Gott zu danken und Mut zu fassen auf ihrem Weg, den sie nach Gottes Willen gehen. Zusammenfassend soll nochmals gesagt sein, daß dann, wenn die Anforderungen streng sind, auch überwältigender Ausgleich dafür vorhanden ist, und daß die Freude und Unterstützung, die man durch christliche Gemeinschaft in Augenblicken großer Not erhalten hat, neuen Mut und Dankbarkeit dafür gibt, daß man dem Ruf gefolgt ist und die Herausforderung angenommen hat.

Epheser 1, 4 und 6, 10–13

Wie er uns denn erwählt hat durch denselben, ehe der Welt Grund gelegt war, daß wir sollten sein heilig und unsträflich vor ihm in der Liebe . . .

Zuletzt, meine Brüder, seid stark in dem Herrn und in der Macht seiner Stärke. Ziehet an den Harnisch Gottes, daß ihr bestehen könnet gegen die listigen Anläufe des Teufels. Denn wir haben nicht mit Fleisch und Blut zu kämpfen, sondern mit Fürsten und Gewaltigen, nämlich mit den Herren der Welt, die in der Finsternis dieser Welt herrschen, mit den bösen Geistern unter dem Himmel. Um deswillen ergreifet den Harnisch Gottes, auf daß ihr an dem bösen Tage Widerstand tun und alles wohl ausrichten und das Feld behalten möget.

Philipper 1, 12–13 und 4, 4. 13. 19 und 22

Ich lasse euch aber wissen, liebe Brüder, daß, wie es um mich steht, das ist nur mehr zur Förderung des Evangeliums geraten, also daß meine Bande offenbar geworden sind in Christo in dem ganzen Richthause und bei den andern allen . . .

Freuet euch in dem Herrn allewege! Und abermals sage ich: Freuet euch!. . .

Ich vermag alles durch den, der mich mächtig macht, Christus . . .

Mein Gott aber fülle aus alle eure Notdurft nach seinem Reichtum in der Herrlichkeit in Christo Jesu . . .

Es grüßen euch alle Heiligen, sonderlich aber die von des Kaisers Hause.

Kolosser 3, 1–4

Seid ihr nun mit Christo auferstanden, so suchet, was droben ist, da Christus ist, sitzend zu der Rechten Gottes. Trachtet nach dem, was droben ist, nicht nach dem, was auf Erden ist. Denn ihr seid gestor-

ben, und euer Leben ist verborgen mit Christo in Gott. Wenn aber Christus, euer Leben, sich offenbaren wird, dann werdet ihr auch offenbar werden mit ihm in der Herrlichkeit.

Philemon, V. 9

So will ich doch um der Liebe willen nur vermahnen, der ich ein solcher bin, nämlich ein alter Paulus, nun aber auch ein Gebundener Jesu Christi.

Kapitel XVII

Rom

Der erhabene Gefangene

»Also kamen wir gen Rom.« Apostelgeschichte 28, 14

Seitenweise könnte man über Rom schreiben. Heute ist Rom eine große Stadt. Das kaiserliche Rom vor 2000 Jahren war ebenfalls eine große Stadt. Die Ruinen seiner Triumphbögen, seiner Arenen und seines Kollosseums kann man jetzt noch sehen. Stolz nannte es sich damals »die Herrin der Welt«. Von Rom aus regierte der Kaiser. Diese Herrschaft war als die »eiserne Herrschaft« bekannt. Sein Reich war weit ausgedehnt. Niemand konnte sich mit seiner Macht messen. Als die müde und von der Reise gezeichnete Mannschaft ankam, eine kleine Gruppe von Gefangenen mit ihren Aufsehern und Begleitern, da traf an jenem lang zurückliegenden Tag ein größerer Eroberer ein, als Rom ihn jemals zuvor gesehen hatte. Er kam äußerlich als der Gefangene des Kaisers, aber in Wirklichkeit war er der Botschafter des Königs der Könige und des Herrn der Herren. Die Botschaft, die er verkündete, sollte größere Siege erlangen, als Rom sie je erlebt hatte. Die Macht, die hinter seinem Wirken stand, war eine größere Macht, als es sie in Rom je gegeben hatte. Es war nicht eine Macht, die zerstörte, unterwarf und Menschenleben vernichtete, sondern vielmehr eine Macht, die Gefallenen aufzurichten, Menschen zu ergreifen und sie in neue Geschöpfe umzuformen, daß sie sich dem König der Könige unterstellten und von da an in der Lage waren, ein lebenswertes Leben als Bürger im Königreich des Lichts zu führen. Im Verlauf der Jahrhunderte ist das kaiserliche Rom zusammengebrochen, aber gleichzeitig ereigneten sich Siege über Siege des Königs und Herrn, den Paulus repräsentierte.

Im abschließenden Kapitel der Apostelgeschichte haben wir nur ein knappes Bild von Paulus in Rom. Zunächst erfahren wir, daß es Paulus erlaubt wurde, außerhalb der anderen Gefangenen zu leben, wobei ihn ein Soldat bewachte. In den beiden letzten Versen des

Kapitels wird gesagt, daß er zwei volle Jahre auf seine eigenen Kosten in einem gemieteten Haus lebte. Dort genoß er weitreichende Freiheit und konnte alle empfangen, die ihn besuchen wollten. Wir erfahren außerdem aus diesem Kapitel, daß Paulus drei Tage nach seiner Ankunft die führenden Juden zu sich einlud und daß nach diesem vorbereitenden Treffen ein weiterer Zeitpunkt vereinbart wurde, an dem die Juden in großer Zahl als seine Gäste kamen. Da sprach er ausführlich über das Reich Gottes. Zweifellos bezeugte er auch seine eigenen Erlebnisse und bekannte sich zu dem Herrn Jesus als dem, der das erfüllte, worüber Moses und die Propheten sprachen und schrieben. Manche glaubten ihm, andere wandten sich von der Wahrheit ab. Manche wurden durch seine Argumente überzeugt, andere blieben abweisend, und als sie sich untereinander nicht einig werden konnten, sprach Paulus schließlich warnende Worte, indem er wieder aus einem ihrer eigenen Propheten zitierte – diesesmal besonders aus Jesaja.

Das letzte Bild, das uns der letzte Vers der Apostelgeschichte vermittelt, ist, daß Paulus alle empfängt, die zu ihm kommen, daß er jede Möglichkeit nützt, ihnen das Reich Gottes zu verkünden und daß er sie über den Herrn Jesus Christus belehrt. Das alles geschieht offen und in größtem Frieden, ohne Behinderung von irgendeiner Seite aus. Es ist ein großartiger Schluß zu einem Buch, in dem das Werk des auferstandenen Christus herausgestellt wird, wie er über den Heiligen Geist durch die hingebungsvollen Leben der Jünger auf dieser Erde wirkte. In den vorausgehenden Kapiteln des Buches wurde über vieles berichtet: Widerstand, Verfolgung, Zerstreuung, die Steinigung des Stephanus, die Ermordung des Jakobus durch das Schwert des Herodes, die vielen Mühen, durch die Paulus auf seinen Missionsreisen bedrückt wurde, einschließlich der Steinigung und der Auspeitschung, aber immer war Triumph und Fortschritt spürbar. Gläubige kamen zum Herrn hinzu, Gemeinden wurden gegründet und vermehrt. Die Botschafter des Kreuzes wurden aus vielen Städten hinausgejagt, aber die gute Saat des Wortes blieb zurück und schlug Wurzeln im Leben vieler aus gerade diesen Städten. Es ist deshalb angemessen, daß der abschließende Vers über Paulus, den Diener Gottes, spricht, obgleich er jetzt gefangen in Rom ist, aber dennoch inmitten dieser Umstände triumphiert und offen das Evangelium von Jesus Christus verkündet. Er ist ein

Gefangener, aber er weiß, wie frei es macht, unter der Herrschaft Christi zu stehen. Er ist wirklich frei! Er ist mehr als ein Eroberer!

Wir müssen uns diesen Briefen zuwenden, die Paulus während jener Tage schrieb, um etwas mehr darüber herauszufinden, wie er diese Zeit als Gefangener in Rom nützte. Man nimmt allgemein an – und es scheint keinen Grund zu geben, das anzuzweifeln –, daß die Briefe an die Epheser, die Philipper, die Kolosser und ebenso der kurze persönliche Brief an Philemon zu dieser Zeit geschrieben wurden. Wann haben Sie zum letztenmal diese Briefe gelesen? Haben Sie sich jemals hingesetzt und einen dieser Briefe ohne Unterbrechung, vom ersten bis zum letzten Vers durchgelesen? Es wäre gut, sich das einmal vorzunehmen; und weil sie verhältnismäßig kurz sind, ist es auch keine unmögliche Aufgabe.

In den Briefen an die Epheser und an die Kolosser ist Paulus mit der erhöhten Stellung beschäftigt, die Gläubige an Christus einnehmen. Sie sind eins mit ihm, gesetzt in himmlische Orte, Orte der Macht und der Erhabenheit, an den Ort der obersten Autorität – und dennoch wurden diese großen Wahrheiten zu Papier gebracht, als er ein Gefangener für den Herrn Jesus war. Wenn er auch ein Gefangener in seinem eigenen Haus war, das er gemietet hatte, so war er im Geist doch nicht gebunden. Er wußte, auf wen er sich zu verlassen hatte. Er täuschte sich über die gegenwärtigen Umstände nicht hinweg, blieb durch sie aber unbeeinträchtigt und wußte, daß er sich nur in einer vorübergehenden Lage befand. Seine Stellung in Christus war gänzlich unangreifbar.

Der Grundton im Brief an die Philipper ist der von Freude. Paulus selbst ist voll Freude, und er ruft den Gläubigen im weit entfernten Philippi zu, sie sollten sich ebenso am Herrn freuen. Auch sie wußten, was es bedeutete, für den Herrn Jesus zu leiden. Paulus erinnerte sich daran, wie er gerade in dieser Stadt geschlagen und eingesperrt wurde. Er dachte damals darüber nach, wie eben durch diese Ereignisse Rettung für andere, besonders für den römischen Gefängnisaufseher, gebracht wurde. So schrieb er jetzt an diese Gläubigen in Philippi und erinnerte sie daran, daß sie von neuem geboren worden waren in Zeiten der Verfolgung und damit einen weiteren Grund für seine Freude und Ergriffenheit im Herrn bildeten. In dem, was Paulus aus dem Gefängnis schreibt, macht er nochmals klar, daß der Mann Gottes erhaben und unbezwingbar leben darf, wie widerwärtig seine Lebenslage auch scheinen mag. Gott verfolgt seine Ziele meisterhaft, und als die Soldaten zu ihren Wachzeiten über den Apostel Paulus kamen und gingen, so bot ihm das ein sich ständig wechselndes Missionsfeld, ein neues Publikum, was der Apostel sofort zu nützen wußte. Jammert er darüber, daß er im Gefängnis ist? Ist er durch diese Ereignisse niedergeschlagen? Hören wir nochmals auf die Worte dieses Mannes, der ein erhabener Gefangener ist:

»Ich lasse euch aber wissen, liebe Brüder, daß, wie es um mich steht, das ist nur mehr zur Förderung des Evangeliums geraten, also daß meine Bande offenbar geworden sind in Christo in dem ganzen Richthause und bei den andern allen« (Phil. 1, 12–13).

Manche, die durch ihre Pflicht dazu gezwungen waren, in der Gegenwart des Apostels zu sein, wurden dadurch errettet. Es muß eine besonders große Freude gewesen sein, als Paulus Grüße an alle Heiligen in Philippi sandte, um eine Verbindung herzustellen zwischen diesen und jenen vom Hofe des Kaisers und der Palastwache, Männern aus den römischen Legionen, die Christus gefunden hatten und durch den Geist Gottes von neuem geboren worden waren. Jetzt waren sie wirklich »Heilige in Christus«.

»Es grüßen euch alle Heiligen, sonderlich aber die von des Kaisers Haus« (Phil. 4, 22).

Liegt darin ein Anklang von Beengung oder Verzweiflung, während er so auf sein gemietetes Haus begrenzt war? Hören wir nochmals auf diesen triumphierenden Gefangenen für den Herrn.

»Nicht sage ich das des Mangels halben; denn ich habe gelernt, worin ich bin, mir genügen zu lassen. Ich kann niedrig sein und kann hoch sein; ich bin in allen Dingen und bei allen geschickt, beides, satt sein und hungern, beides, übrig haben und Mangel leiden. Ich vermag alles durch den, der mich mächtig macht, Christus« (Phil. 4, 11–13).

Indem Paulus erneut erklärt, daß es genügt, sich auf Gott zu verlassen, ist er zutiefst überzeugt, daß es kein Bedürfnis gibt, das Gott nicht stillen kann. Die Christen in Philippi waren noch weiteren Verfolgungen und Schwierigkeiten ausgesetzt, aber aus seiner eigenen tiefen Erfahrung heraus, daß Christus alles gut macht, konnte er ihnen doch ein Wort der Ermutigung senden.

»Mein Gott aber fülle aus alle eure Notdurft nach seinem Reichtum in der Herrlichkeit in Christo Jesu« (Phil. 4, 19).

Für Paulus mochte Rom Gefangenschaft bedeuten, aber für andere bedeutete es Segen und Rettung. Aber es bedeutete noch viel mehr, als daß der Kreis, mit dem Paulus unmittelbar in Berührung gekommen war, für alle Zeit gesegnet wurde. Die ganze Kirche Jesu Christi darf dem Herrn dankbar für seine Führung sein, in der er seinen Apostel so lenkte, daß von dort durch den Heiligen Geist, der durch Paulus wirkte, die Briefe ausgingen, die große geistliche Ermutigung, Bereicherung und Belehrung an Gläubige überall auf der christlichen Welt brachten.

Wir dürfen auch den schönen persönlichen Brief an Philemon nicht vergessen. Welche Feinfühligkeit, welches Mitleid und welche Liebe gehen doch aus diesem Brief hervor! Liebe nicht nur zu Philemon, sondern auch zu dem neugewonnenen Onesimus. Welche vornehme Höflichkeit! Paulus, der unnachgiebig und unerschrokken die Wahrheit verkündete, und der den Juden, welche das Evangelium abwiesen, mit gewaltigem Mut und in deutlicher Sprache gegenübertrat, wußte doch auch, wie er solche Leute wie Philemon, seinen geliebten Mitarbeiter, liebevoll ansprechen sollte. Er ist sich seines zunehmenden Alters und seiner körperlichen Grenzen durchaus bewußt, aber vor allem erkennt er, daß er ein Gefangener Jesu Christi ist. Das erfüllt seinen Aufenthalt in Rom mit einem würdigen, königlichen Zweck. Er ist zufrieden, wenn er dort sein kann, wo ihn sein Herr haben möchte.

Vielleicht aber ist das Eindrucksvollste, was es über das Leben von diesem Mann Gottes im Gefängnis zu bemerken gibt, nicht nur sein persönlicher Dienst durch das gesprochene Wort und die Briefe, die er schrieb, sondern auch die Gebete, die er verrichtete. Diese findet man auf die vier genannten Briefe verteilt, worin sie uns aus dieser Zeit erhalten sind. Wenn er betet, werden Fesseln gelöst, und für seine demütigen Bitten gibt es keine Grenzen. Er läßt nicht ab, für Gläubige, nah und fern, zu danken und erwähnt sie immer wieder in seinen Gebeten. Lesen Sie ein solches Gebet, wie man es z. B. im Epheserbrief, Kapitel 1, beginnend mit Vers 15, finden kann. Jeder

Satz des Gebetes will dazu anregen, daß diese neuen Gläubigen immer mehr vom Herrn erkennen und zu geistlicher Reife wachsen sollen. Im Epheserbrief, Kapitel 3, von Vers 14 an, bricht er nochmals in ungehaltenes, demütiges Bitten aus, das in dem großartigen Schluß gipfelt:

»Dem aber, der überschwenglich tun kann über alles, das wir bitten oder verstehen, nach der Kraft, die da in uns wirkt, dem sei Ehre in der Gemeinde, die in Christo Jesu ist, zu aller Zeit, von Ewigkeit zu Ewigkeit! Amen« (Eph. 3, 20. 21).

Weil Paulus glaubt, daß Gott weitaus mehr tun kann, als wir je von ihm erbitten oder uns ausdenken können, denkt er auch weiterhin an die Nöte anderer, die in fernen Städten all der Feindschaft und den giftigen Angriffen der Herrscher der Finsternis ausgesetzt sind. Auch im Brief an die Philipper ist ersichtlich, wie er mit Freude für die Gläubigen in Philippi betet, und sie weiterhin auffordert, nicht furchtsam zu sein, sondern in jeder Angelegenheit durch Beten, Bitten und Danken ihre Anliegen vor Gott zu bringen. Selbst wenn er an Gläubige, die er nie zu Gesicht bekommen hat, schreibt, z. B. an die Gläubigen in Kolossä oder anderswo, so finden auch sie Platz in seinen Gebeten, und er sagt ausdrücklich, daß er nicht abläßt, für sie zu beten, damit auch sie mit allem geistlichen Wissen und Verständnis erfüllt würden, daß ihr Leben Gott gefällt und durch jedes gute Werk Frucht bringt. Hier handelt es sich um einen Gefangenen, der absolute Freiheit hat! Hier handelt es sich um einen, der unerschrocken zum Thron der Gnade kommt!

In der Gefangenschaft in Rom sieht Paulus in erster Linie eine zusätzliche Möglichkeit, gegenüber anderen Menschen Zeugnis für Jesus zu sein. So sind neue Möglichkeiten zum Dienst und zur Ermutigung für Gläubige geboten. Somit wird auch ein zusätzlicher Bereich zum Gebet und Einsatz für andere gewährt.

Haben Sie Ihre Freiheit? Nützen Sie Ihre Freiheit so, wie Paulus die Tage seiner Gefangenschaft nützte? Das alles gehörte zu seiner Antwort auf den Ruf nach Mazedonien!

2. Timotheus 1, 8; 4, 1–9 und 16–18, 21a und 22

Darum so schäme dich nicht des Zeugnisses unsres Herrn noch meiner, der ich sein Gebundener bin, sondern leide mit für das Evangelium wie ich, nach der Kraft Gottes . . . So bezeuge ich nun vor Gott und dem Herrn Jesus Christus, der da zukünftig ist, zu richten die Lebendigen und die Toten mit seiner Erscheinung und mit seinem Reich: Predige das Wort, halte an, es sei zu rechter Zeit oder zur Unzeit; strafe, drohe, ermahne mit aller Geduld und Lehre. Denn es wird eine Zeit sein, da sie die heilsame Lehre nicht leiden werden; sondern nach ihren eigenen Lüsten werden sie sich selbst Lehrer aufladen, nach dem ihnen die Ohren jücken, und werden die Ohren von der Wahrheit wenden und sich zu den Fabeln kehren. Du aber sei nüchtern allenthalben, sei willig, zu leiden, tue das Werk eines evangelischen Predigers, richte dein Amt redlich aus.

Denn ich werde schon geopfert, und die Zeit meines Abscheidens ist vorhanden. Ich habe einen guten Kampf gekämpft, ich habe den Lauf vollendet, ich habe Glauben gehalten; hinfort ist mir beigelegt die Krone der Gerechtigkeit, welche mir der Herr an jenem Tage, der gerechte Richter, geben wird, nicht mir aber allein, sondern auch allen, die seine Erscheinung liebhaben.

Befleißige dich, daß du bald zu mir kommst . . .

In meiner ersten Verantwortung stand mir niemand bei, sondern sie verließen mich alle. Es sei ihnen nicht zugerechnet. Der Herr aber stand mir bei und stärkte mich, auf daß durch mich die Predigt bestätigt würde und alle Heiden hörten; und ich ward erlöst von des Löwen Rachen. Der Herr aber wird mich erlösen von allem Übel und mir aushelfen zu seinem himmlischen Reich; welchem sei Ehre von Ewigkeit zu Ewigkeit! Amen . . .

Tue Fleiß, daß du vor dem Winter kommst . . .

Der Herr Jesus Christus sei mit deinem Geiste! Die Gnade sei mit euch! Amen.

Kapitel XVIII

Rom

Ich bin bereit

»Denn ich werde schon geopfert, und die Zeit meines Abscheidens ist vorhanden.« 2. Timotheus 4, 6

Die letzten Worte der Apostelgeschichte berichten, daß Paulus seine Lehrtätigkeit fortsetzte und offen und unbehindert zu allen sprach, die zu ihm kamen. Von hier ab gibt es keinen anschließenden Bericht über das weitere Leben des Apostels. Aus der Überlieferung kann man aber sehr deutliche Hinweise entnehmen, die darauf hindeuten, daß mit großer Wahrscheinlichkeit Paulus nach zwei Jahren in Rom entlassen wurde. So weit man feststellen kann, wäre das in den Jahren 63 oder 64 n. Chr. gewesen. Seiner Befreiung scheint sich eine kurze Zeit missionarischen Einsatzes angeschlossen zu haben. Wenn Paulus jemals nach Spanien gekommen sein sollte, dann muß es zu dieser Zeit gewesen sein. Man muß auch bedenken, daß die wilde Verfolgung unter Nero noch nicht angelaufen war, als Paulus zum erstenmal in Rom war. In seinen Briefen, die er aus Rom schrieb, gibt es kurze Hinweise, die darauf hindeuten, daß er mit der Entlassung rechnete und nochmals Kleinasien und Mazedonien besuchen wollte. Aus den späteren Briefen, besonders aus dem ersten und dem zweiten Brief an Timotheus und aus dem Brief an Titus, gehen weitere Hinweise in verschiedener Richtung hervor. So drückt er z. B. in 1. Timotheus 3, 14 nochmals seine Hoffnung auf baldige Rückkehr nach Ephesus aus. In Titus 1, 5 bemerkt er, daß er Titus in Kreta zurückgelassen hat, um mit seiner Lehrtätigkeit fortzufahren und um verschiedene kirchliche Angelegenheiten zu regeln, woraus ersichtlich ist, daß er auch die Insel Kreta besucht hatte.

Später drückt er in dem gleichen Brief – Titus 3, 12 – seine Absicht aus, den Winter in Nikopolis zu verbringen. Ebenso bezieht er sich in 2. Timotheus 4, 20 auf Korinth und Milet, wo er durchgereist war. Das erste liegt in Griechenland, das andere in Kleinasien. Obgleich Paulus zu der Zeit schon ein alter Mann war, so scheint doch seine Energie und sein Ansporn nicht geringer geworden zu sein, womit er die Gemeinschaften der Gläubigen, die als Ergebnis seiner Arbeit unter dem Segen Gottes in Kleinasien und Südeuropa entstanden waren, ermutigte und ermahnte.

Später, im Jahre 64 n. Chr., brach die Verfolgung unter Nero über die Christen herein. Diese breitete sich auch auf die Provinzen aus; und an irgendeinem Ort, der nicht genau bestimmt werden kann, wurde Paulus ergriffen und nach Rom gebracht, wo gegen ihn verhandelt wurde. Vielleicht machte man das, weil er vor den Kaiser treten wollte; es kann aber auch möglich sein, daß man ihn als einen der herausragendsten Führer der Christenheit erkannte und deswegen entschied, daß gegen ihn in der Kaiserstadt verhandelt werden sollte.

Während er frei war, schrieb er den ersten Brief an Timotheus und den Brief an Titus. Erst als er wieder in Rom zurück war und nochmals erwartete, einem Verhör ausgesetzt zu werden, schrieb er den zweiten Brief an Timotheus. Offensichtlich sah er voraus, daß seine Zeit, Abschied zu nehmen, nun gekommen war. Dieser letzte Brief, der uns von dem Apostel Paulus überliefert ist, verdient es wohl, daß man ihn auf den Knien ließt. Er enthüllt die große Liebe, die der gealterte Diener des Herrn für den jungen Mann hat, dessen Aufgabe es war, die Verkündigung fortzusetzen und die Christen zu stärken. Er ist voll von glühender Ermutigung und gesunder geistlicher Weisheit. Vor allem enthält er die dringende Aufforderung an den jungen Timotheus, daß er sich beeilen sollte nach Rom zu kommen, ehe es zu spät sei.

Vom 16. oder 17. Vers des vierten Kapitels in dem Brief ist es offensichtlich, daß Paulus seine Richter schon zu Gesicht bekommen hat. Obwohl er zu dieser Zeit menschlicher Gemeinschaft und Unterstützung beraubt war, war er sich doch der Gegenwart des Herrn bewußt, und es bot sich ihm eine großartige Gelegenheit, sich nochmals zu dem Herrn Jesus zu bekennen. Es ist gut, darüber nachzusinnen, daß Gott in seiner Gnade dem Kaiser Nero eine bemerkenswerte Gelegenheit, das Evangelium zu hören, gegeben zu haben scheint. Auf der einen Seite steht der gealterte Apostel, der bewährte Botschafter des Königs der Könige; und auf der anderen Seite der Mann, der in die Geschichte als eine der niederträchtigsten Gestalten, die je gelebt haben, eingegangen ist. Paulus wurde bei seiner ersten Verhandlung offensichtlich freigesprochen, sah jetzt aber einer Auseinandersetzung mit einer zweiten Anklage entgegen.

»In meiner ersten Verantwortung stand mir niemand bei, sondern sie verließen mich alle. Es sei ihnen nicht zugerechnet. Der Herr aber stand mir bei und stärkte mich, auf daß durch mich die Predigt bestätigt würde und alle Heiden hörten; und ich ward erlöst von des Löwen Rachen« (2. Tim. 4, 16–17).

Ein Hauch von Leidenschaft liegt über der Notlage, in der sich Paulus befand. »Den Mantel, den ich zu Troas ließ bei Karpus, bringe mit, wenn du kommst« (2. Tim. 4, 13).

Er konnte eine gute, warme Decke brauchen! Etwas anderes aber brauchte er noch viel dringender, nämlich »die Bücher und die Pergamente«. Viele seiner Mitarbeiter mußte er an die verschiedensten Orte senden, damit sie anderen in ihrer Not halfen. Schlimmer war es mit Demas, der ihm zur Seite gestanden hatte, ihn dann aber verließ, »weil ihm die Welt wichtiger war; er ist nach Thessalonich« gegangen. Das muß für Paulus ein harter Schlag und Anlaß zu tiefer Traurigkeit gewesen sein. Einer aber blieb ihm treu, auch als es gefährlich wurde. Das war Lukas. »Lukas ist allein bei mir.« Er wünschte, daß Markus mit Timotheus kommen sollte, denn, obgleich Markus Jahre zuvor auf der ersten Missionsreise seinen eigenen Weg gegangen war, hatte er sich seither als ein sehr treuer Diener Jesu Christi erwiesen. »Markus nimm zu dir und bringe ihn mit dir; denn er ist mir nützlich zum Dienst« (2. Tim. 4, 11).

Paulus drängt Timotheus, schnell zu kommen, ehe es zu spät ist.

»Befleißige dich, daß du bald zu mir kommst.« – »Tue Fleiß, daß du vor dem Winter kommst« (2. Tim. 4, 9. 21).

Kam Timotheus rechtzeitig an? Wir wissen es nicht. War Timotheus an seiner Seite, als der Apostel in den Tod ging? Blickte an jenem tragischen Morgen der Apostel kurz und ängstlich um sich, als er zur Hinrichtungsstätte ging, um zu sehen, ob Timotheus im letzten Moment noch eingetroffen war? Man kann es nicht sagen.

Über eines kann man aber absolut sicher sein: Paulus war bereit, sein Leben um Jesu Christi willen hinzugeben. Jahre zuvor, nach dem Treffen der Apostel und anderer in Jerusalem, hatte man über Barnabas und Paulus gesagt, daß sie »ihre Seelen dargegeben haben für den Namen unsers Herrn Jesu Christi« (Apg. 15, 26). Paulus muß dem Tod immer und immer wieder gegenübergestanden haben. Erinnern wir uns an die Steinigung in Lystra. Er war dermaßen in Not, daß er mehr als einmal nicht wußte, ob er mit dem Leben davonkommen würde. In seinem Brief an die Korinther sind im elften Kapitel die vielen Wagnisse und Gefahren aufgeführt, die er zu Land und auf See durchgemacht hatte. Am bekanntesten davon ist vielleicht, als er einmal nach Jerusalem unterwegs war und ihn einige überreden wollten, nicht dorthin zu gehen. Der Heilige Geist hatte ihm bezeugt, daß ihn Fesseln und Leiden erwarten würden. Dazu sagte er:

»Aber ich achte der keines, ich halte mein Leben auch nicht selbst teuer, auf daß ich vollende meinen Lauf mit Freuden und das Amt, das ich empfangen habe von dem Herrn Jesus, zu bezeugen das Evangelium von der Gnade Gottes« (Apg. 20, 24).

»Paulus aber antwortete: ›Was macht ihr, daß ihr weinet und brechet mir mein Herz? Denn ich bin bereit, nicht allein mich binden zu lassen, sondern auch zu sterben zu Jerusalem, um des Namens willen des Herrn Jesu‹« (Apg. 21, 13).

Zu jeder Zeit, an jedem Ort und in jeder Lage war Paulus bereit, sein Leben hinzugeben und in die unmittelbare Nähe Jesu Christi zu kommen. Er war ein Leibeigener desjenigen, der gestorben war, damit er leben konnte. Lange zuvor, auf der Straße nach Damaskus, wo alles anfing, übergab er sich selbst ohne Einschränkung und sagte: »Herr, was willst du, daß ich tun soll?« Von diesem Moment an konnte er den Willen des Herrn tun. Er war zu jeder Zeit bereit, seinem Herrn von Angesicht zu Angesicht im Glanz der Ewigkeit zu begegnen.

Vielleicht war dies das Geheimnis seines unermüdlichen Dienstes und seiner fruchtbaren Einsätze. Diese Welt konnte ihm nichts anhaben und konnte keinen einzigen Bereich seines Lebens für sich beanspruchen. Die Dinge, die aus weltlicher Sicht als vorteilhaft galten, hielt er für gänzlich wertlos im Vergleich zu dem unbezahlbaren Schatz, Christus zu kennen und seinen Willen zu tun.

War das einer der Gründe dafür, daß der Herr ihm den Ruf nach Mazedonien zumuten konnte? Der Herr wußte, daß es sich hier um einen Mann handelte, der völlig geeignet war, die Herausforderung anzunehmen und dem Ruf zu folgen, koste es, was es wolle, selbst wenn sein Leben geopfert werden müßte.

Paulus konnte vollmächtig im Heiligen Geist an Timotheus – und damit an alle christlichen Arbeiter, an jeden von uns – schreiben:

»Du aber sei nüchtern allenthalben, sei willig, zu leiden, tue das Werk eines evangelischen Predigers, richte dein Amt redlich aus« (2. Tim. 4, 5).

Behalte Klarheit! Halte durch! Arbeite! Erfülle deine Pflicht! Gott hat einen Plan für das Leben von jedem einzelnen seiner Kinder. Der Satan versucht es mit Ablenkungsmanövern. Wir müssen auf der Hut sein. Es wird schwierige Situationen und massiven Widerstand geben, mit dem wir uns auseinandersetzen müssen. Wir müssen bereit sein, durchzuhalten und uns durch nichts abbringen zu lassen. Immer wieder werden wir in die Versuchung kommen, uns niederzulassen, zu entspannen oder nachzulassen in unserem eifrigen Bemühen, andere in persönliche Beziehung mit Jesus zu bringen. Alle sind dazu aufgerufen, die Arbeit eines Verkündigers zu tun. Mit der dahinfließenden Zeit besteht aber auch die Gefahr, älter zu werden und die erste Liebe zu verlieren. Bleiben Sie wachsam! Jeder soll darauf achten, daß er seinen Auftrag erfüllt, den Gott ihm persönlich gegeben hat – »richte dein Amt redlich aus«.

Das wird dann möglich sein, wenn wir – wie der Apostel Paulus – erkennen, daß wir die Leibeigenen desjenigen sind, der uns geschaffen hat, daß wir Eigentum desjenigen sind, der uns losgekauft hat, damit wir sein besonderer Schatz sein sollen.

Lassen Sie sich dadurch herausfordern, wie Paulus sich völlig und fröhlich ergab! Lassen Sie sich herausfordern durch die Bereitschaft, mit der er den ganzen Weg mit Christus ging. Können wir sagen – werden wir jemals in der Lage sein zu sagen:

»Denn ich werde schon geopfert, und die Zeit meines Abscheidens ist vorhanden. Ich habe einen guten Kampf gekämpft, ich habe den Lauf vollendet, ich habe Glauben gehalten« (2. Tim. 4, 6–7).

Gott schaut immer noch aus nach Männern, Frauen und jungen Leuten, die seinem Ruf antworten wollen, nicht nur in blitzartiger, momentaner Begeisterung, sondern die sich ruhig mit den Folgen auseinandersetzen und sich unnachgiebig und fest entschlossen den totalen Anforderungen Christi aussetzen und ihre Körper als lebendige Opfer geben, heilig und annehmbar für Gott. Das ist unser vernünftiger Gottesdienst, daß wir aus uns und durch unsere Stärke nichts tun können, daß aber Christus in uns und Christus durch uns jede Not stillen kann und jeder Anforderung gewachsen ist. Das bedeutet, für Christus fertig und bereit zu sein, damit er uns einsetzen kann, wie, wann und wo er will.

Die Herausforderung des Rufes nach Mazedonien – sie muß aus der unmittelbaren Situation verstanden werden, in der Sie sich befinden. Sie kann nur auf der Grundlage von Römer 12, 1–2 und Galater 2, 20 angenommen und erfüllt werden. Sind Sie dazu entschlossen? Sind Sie dazu bereit?

»Ich ermahne euch nun, liebe Brüder, durch die Barmherzigkeit Gottes, daß ihr eure Leiber begebet zum Opfer, das da lebendig, heilig und Gott wohlgefällig sei, welches sei euer vernünftiger Gottesdienst. Und stellet euch nicht dieser Welt gleich, sondern verändert euch durch Erneuerung eures Sinnes, auf daß ihr prüfen möget, welches da sei der gute, wohlgefällige und vollkommene Gotteswille.«

»Ich lebe aber: doch nun nicht ich, sondern Christus lebt in mir. Denn was ich jetzt lebe im Fleisch, das lebe ich in dem Glauben des Sohnes Gottes, der mich geliebt hat und sich selbst für mich dargegeben.«

In der TELOS-Paperbackreihe erscheinen folgende Titel

1002 Wilhelm Busch
Gottes Auserwählte
1004 Wilder Smith
Ist das ein Gott der Liebe?
1005 Fritz Hubmer
Im Horizont leuchtet der Tag
1008 Fritz Hubmer
Weltreich und Gottesreich
1010 Erich Wilken
Auf d. Spuren bibl. Gescheh.
1011 Otto Riecker
Herausforderung an die Gem.
1012 Watchman Nee
Freiheit für den Geist
1013 Anny Wienbruch
Der Leibarzt des Zaren
1014 Watchman Nee
Zwölf Körbe voll, Bd. 1
1015 Fritz May
Die Drogengesellschaft
1016 Norbert Fehringer
Thema: Frömmigkeit
1017 Fritz May
Der verfälschte Jesus
1018 Ernst Modersohn
Die Frauen d. Alten Testam.
1019 Ernst Modersohn
Die Frauen d. Neuen Testam.
1020 Paul Müller
Die unsichtbare Welt
1021 Ruth Frey
Arbeit unter Kindern
1022 Oswald Smith
Glühende Retterliebe
1023 Oswald Smith
Ausrüstung mit Kraft
1024 Erich Schnepel
Das Werk Jesu in uns . . .
1026 Anny Wienbruch
Im Schatten der Zaren
1027 Watchman Nee
Zwölf Körbe voll, Bd. 2
1028 Watchman Nee
Zwölf Körbe voll, Bd. 3
1029 Werner Krause
Freuet euch allewege
1030 Hel. Good Brennemann
Und doch nicht vergessen
1031 Anny Wienbruch
Unter dem roten Sonnenschirm
1032 Helmut Ludwig
Die Welt horcht auf
1033 E. J. Christoffel
Aus d. Werkstatt ei. Mission.
1035 G. R. Brinke
Jenseitiges und Zukünftiges
1036 Elli Kühne
Da bewegte sich die Stätte
1039 Alfred Christlieb
Ich freue mich über dein Wort
1041 Lon Woddrum
Liebe hofft immer alles
1042 Horst Marquardt
Die Sprache der Gräber
1043 Werner Krause
Meine Brüder – die Indianer
1045 Otto Riecker
Bildung und Heiliger Geist
1046 Joyce Landorf
Seine beharrliche Liebe
1047 Helen Manning
Die Blutzeugen vom Sengtal
1048 Anny Wienbruch
Ein Leben für Gustav Adolf
1049 Werner Krause
Keinen Raum in der Herberge
1050 Georg R. Brinke
Die Symbolik d. Stiftshütte
1051 Alfred Kuen
Gemeinde n. Gottes Bauplan
1053 Jill Renich
Den Ehemann verstehen
1054 Alfred Christlieb
Ich suche, Herr, dein Antlitz
1055 Wilfried Reuter
. . . und bis ans Ende der Welt
1056 H. und G. Taylor
D. geistl. Geheimn. H. Taylors
1057 Ulrich Affeld
Unter der Treue Gottes
1058 John F. u. E. Walvoord
Harmagedon, Erdöl und . . .
1059 Heinrich Jochums
Was haben wir an Jesus
1060 Erich Beyreuther
Der junge Zinzendorf
1061 Herbert Masuch
Handb. f. dyn. Gemeindearb.
1062 Anny Wienbruch
Die fröhliche Familie
1064 Anny Wienbruch
Das sonnige Haus
1065 Anny Wienbruch
Sie waren mir anvertraut
1068 Georg Urban
Carl Peter, Eine Rebe . . .
1070 C. H. Spurgeon
Ratschläge für Seelengewinner
1071 Elsbeth Walch
Tante Lydia wird schon . . .
1072 Elsbeth Walch
Zum Glück gibt's Tante Lydia
1074 Alfred Christlieb
Der Apostel Paulus
1075 H. E. Nissen
. . . und der Geist schrie
1076 Eduard Ostermann
Zukunft ohne Hoffnung?
1078 James M. Boice
Die letzte und die zukünftige Welt
1079 L. A. T. Van Dooren
Menschen fischen – persönliches Engagement
1080 Anny Wienbruch
Ein König wird frei
1082 Watchman Nee
Der geistliche Christ I
1083 Watchman Nee
Der geistliche Christ II
1084 Watchman Nee
Der geistliche Christ III
1085 Alfred Christlieb
Vollmacht von oben
1086 Fritz May
Israel zwischen Weltpolitik und Messiaserwartung
1087 Kurt Scherer
Mit Streß leben
1092 Billy Graham
Engel – Gottes Geheimagenten
1097 Heinrich Johannes
In Jesus haben wir alles

In der TELOS-Paperbackreihe erscheinen folgende Titel